PAR **MONTS**
ET PAR **VAUX**

Du même auteur aux Éditions Jouvence :
Estime de soi, estime de l'autre
Ose le renouveau et vis-le en confiance
Être en harmonie. Oublier ses soucis. Simplement vivre.
Un Cœur en paix

Dans la même collection aux Éditions Jouvence :
Apprivoiser la tendresse, Jacques Salomé
100 conseils spirituels et pratiques pour devenir parents, Carl de Miranda
Faire la paix avec la terre, collectif
Alignement - Centrage - Ancrage - Enracinement, Mary Laure Teyssedre

Catalogue gratuit sur simple demande
Éditions Jouvence
France : BP 90107 - 74160 Saint-Julien-en-Genevois Cedex
Suisse : Route de Florissant, 97 - 1206 Genève
Site internet : www.editions-jouvence.com
Email : info@editions-jouvence.com

Maquette de couverture | Éditions Jouvence
Maquette intérieure | Anne-Sophie Peyer
Mise en page | Morgane Postaire

Traduit de l'allemand par Muriel Frantz-Widmaier

Titre original : *Von Gipfeln und Tälern des Lebens*

ISBN : 978-2-88911-975-2

Anselm **Grün**

PAR **MONTS** ET PAR **VAUX**

La **marche** comme aventure spirituelle

jouvence
EDITIONS

SOMMAIRE

Depuis mon plus jeune âge, les montagnes me fascinent. Notre père nous y emmenait déjà quand nous étions enfants. Et depuis cette époque, je pars presque chaque année marcher dans les montagnes avec mes frères et sœurs. Ma première expérience de la fascination exercée par la montagne remonte à mes dix ans, quand j'étais enfant de chœur et que notre aumônier dressa un campement, avec nous et le groupe d'adolescents et de jeunes adultes, dans le petit village d'Hinterriss, dans le massif des Karwendel[1]. Alors enfants, nous avons gravi avec les jeunes de nombreux sommets. L'ascension était fatigante, mais elle nous interpellait d'une manière bien particulière. Nous étions fiers d'avoir atteint le sommet et de pouvoir contempler le paysage.

> Si l'on voit devant soi une haute montagne, on a l'impression qu'on n'arrivera pas à la gravir. Mais si on avance pas à pas, si on se fixe des objectifs intermédiaires, on parvient en fin de compte au sommet.

Le massif des Karwendel et ses montagnes rocheuses avaient toujours jusqu'ici éveillé en moi le même sentiment : il est impossible de grimper sur

ces montagnes, seuls les professionnels de l'escalade y parviennent. Nous avons néanmoins suivi les sentiers balisés qui nous conduisaient lentement mais sûrement jusqu'au sommet. Les chemins n'étaient pas trop difficiles. C'est seulement vers la fin qu'il fallait faire un peu de varappe. Mais les adolescents et les jeunes adultes nous tendaient la main pour nous aider, afin que nous puissions franchir les rochers escarpés. Du haut de mes dix ans, j'ai ainsi fait à l'époque une expérience et un constat importants pour moi : si l'on voit devant soi une haute montagne, on a l'impression qu'on n'arrivera pas à la gravir. Mais si on avance pas à pas, si on se fixe des objectifs intermédiaires, on parvient en fin de compte au sommet.

Cette image, transposée à d'autres domaines de l'existence, signifie pour moi : je ne dois pas regarder tout de suite la totalité d'un travail, je risquerais d'être effrayé par l'ampleur de la tâche. Et je n'oserais jamais me lancer dans l'ascension. Si, en revanche, je commence à grimper et que je me laisse guider par d'autres, ce qui semblait impossible devient d'un coup possible.

Quand j'avais seize ans, j'ai entrepris avec deux de mes frères et deux cousins une randonnée à vélo dans les Alpes. Nous avons emporté tout ce dont nous avions besoin : une tente basique, des sacs de couchage et quelques boîtes de conserve, et nous avons cherché un emplacement où camper dans la vallée de Pitztal, d'Ahrntal ou dans le massif de Silvretta. Cette expérience donna lieu à un autre constat important pour mon existence. Si j'ose entreprendre un projet, je dois commencer par m'asseoir et par réfléchir à ce qui est nécessaire. Quelles provisions dois-je emporter ? De quoi ai-je besoin en tout état de cause ? À quoi puis-je renoncer ?
Préparer le voyage devient ainsi une leçon de vie.

Nous sommes toujours partis pendant les grandes vacances. Avant que ne commence une nouvelle étape, une nouvelle année scolaire. La question suivante ne cessait alors de se poser : de quoi ai-je besoin pour venir à bout avec succès de la prochaine année scolaire ? Quelles connaissances dois-je approfondir, quelle matière dois-je peut-être encore rattraper ? Par où dois-je commencer ? Sur quoi dois-je mettre l'accent ?

Après avoir atteint notre lieu de destination au beau milieu des montagnes et trouvé un endroit où planter notre tente, nous avons commencé par aménager un foyer, c'est-à-dire par tracer un cercle avec des pierres et par chercher une branche assez grande pour que nous puissions y fixer notre marmite avec du

fil de fer. Nous avons bâti en même temps une suspension avec deux branches en forme de Y. Au coin du feu, le soir ou au déjeuner, nous avons cuisiné des repas simples : des quenelles avec du goulasch, des pâtes à la sauce tomate, ce genre de plats...

Nous vivions à l'époque très chichement, nous n'achetions rien en cours de route, excepté du pain et du beurre. Étant jeunes, nous avions le matin une faim de loup et nous avions besoin chaque jour d'un nouveau pain.

Après le petit-déjeuner, nous avons déguerpi dans les montagnes. Nos forces étaient à l'époque quasi inépuisables. Nous avons simplement emprunté le chemin le plus direct pour gravir la montagne, tout nous paraissait facile. Nous avons à peine senti les efforts à fournir pour l'ascension et avons parcouru le chemin du retour dans la vallée en courant à grandes enjambées. Nous étions très fiers d'avoir atteint notre premier sommet dépassant les trois mille mètres : le Fundusfeiler[2] dans la vallée de Pitztal. Nous avons savouré la vue sur les Alpes de Pitztal et de l'Ötztal. Nous avons regardé au loin, cherchant à identifier chaque sommet visible sur notre carte.

Au cours de ces années, nous avons entrepris ensemble quatre randonnées à vélo en montagne. Suite à ma décision d'entrer au monastère de Münsterschwarzach, j'ai dû attendre quelques années après mon ordination pour entreprendre ma première randonnée dans le massif des Dolomites avec mes frères Konrad et Michael, mes cousins, les pères Udo et Bernhard, ainsi que ma sœur cadette Elisabeth. Nous avons tous ensemble marché de refuge en refuge, avec toutes les affaires nécessaires dans nos sacs à dos. Ce fut une nouvelle expérience. En vélo, j'arrive à emporter des choses qui ne sont pas vitales. Mais quand je porte moi-même mon sac sur le dos, je dois réfléchir très précisément à ce je dois y mettre.

Nous traversons la vie à pied. Ni en voiture, ni à vélo. C'est pourquoi nous avons besoin d'une bonne vue sur ce qui appartient au sac à dos de notre existence. Je ne peux pas tout emporter sur le chemin, mais seulement ce dont j'ai vraiment besoin pour avancer.

Quand j'étais jeune, je considérais déjà l'alpinisme comme un entraînement à la discipline. L'alpinisme symbolisait le fait de prendre en main et d'agencer moi-même ma vie, de me fixer des objectifs et de les réaliser. La lecture des ouvrages de Viktor E. Frankl, psychothérapeute viennois et alpiniste passionné, m'a permis par la suite de vérifier

L'absence d'objectif nous empêche de déployer réellement les forces qui se cachent en nous. Nous devons toutefois définir un objectif adapté.

ce que je sentais intuitivement quand j'étais jeune. Je rapporte ici les propos qu'il a tenus lors d'une conférence : l'alpiniste « entre en concurrence et rivalise avec une seule personne, à savoir avec lui-même. Il réclame quelque chose de lui-même, il exige quelque chose de lui-même[3]. » Il explique ensuite que l'homme a besoin de la tension intérieure qui le sépare lui-même d'un objectif qu'il se fixe.

Si nous nous fixons un objectif en matière d'alpinisme, nous provoquons en notre for intérieur une tension saine, qui nous est bénéfique. Manquer en permanence d'exigence envers nous-mêmes ouvre souvent la porte, dans notre vie, au sentiment d'absurdité. L'absence d'objectif nous empêche de déployer réellement les forces qui se cachent en nous. Nous devons toutefois définir un objectif adapté. Si nous nous fixons des objectifs trop élevés, nous exigeons trop de nous-mêmes. Et si nous n'avons pas confiance en nous, le parcours de notre vie perd de sa force. Notre objectif confère à notre randonnée une dynamique intérieure bénéfique.

Plus je vieillis, plus je vois la randonnée comme l'image de mon chemin en tant qu'être humain. Chaque étape revêt un autre caractère. Aujourd'hui, âgé de plus de soixante-dix ans,

je n'ai plus l'ambition de gravir les plus hauts sommets en un temps record. Il me suffit de rester à une certaine hauteur, je me réjouis des merveilles que je découvre en cours de route. Les fleurs des champs bigarrées, l'ombre d'un arbre au bord du chemin, la source fraîche près de laquelle nous nous reposons. Je ne dois plus atteindre un sommet, je me suis réconcilié avec la nécessité d'accepter mes limites. Mais les montagnes continuent de m'attirer. Et il m'arrive de temps à autre de gravir un sommet.

La marche en montagne me fascine encore et toujours. Dans ce domaine, je ne cesse de tester mes limites et je reste confiant. Cela me maintient en forme.

J'aimerais que ce livre soit une méditation sur la marche en montagne comme l'image du chemin de notre existence.

La randonnée est devenue pour moi une parabole, la parabole de la vie. Dans la randonnée comme dans la vie, il s'agit de relever de nouveaux défis, de se mettre soi-même et ses forces à l'épreuve, d'en sortir grandi.

En cours de route, nous atteignons immanquablement nos limites, nous remarquons parfois que le chemin ne se poursuit pas. On doit alors se réorienter. Les expériences de sommets tout comme les fonds de vallée font partie de la vie, les ascensions pénibles tout comme les adieux nostalgiques. Je peux marcher tout seul, je fais alors face à moi-même. Mais j'aime aussi marcher en communauté, en particulier avec mes frères et sœurs. Cela fait du bien d'être en route ensemble, de se soutenir les uns les autres, de s'encourager ou simplement de discuter.

C'était déjà en marchant que les philosophes grecs développèrent leurs principales idées. Et la marche est toujours inspirante. Quand je marche, il me vient souvent de nouvelles idées, que j'aime bien mettre sur papier un jour ou l'autre. Mais je n'emploie jamais le temps de la marche à noter mes pensées. Je ne tiens pas de journal intime. Et pendant les vacances, je renonce à toute écriture. Je m'abandonne alors tout entier à la marche et à la contemplation, aux conversations et à l'introspection.

Dans ce livre, j'aimerais raconter les idées qui me sont venues en marchant. Et je souhaiterais également, en fin d'ouvrage, interroger la Bible et lui demander ce qu'elle peut dire du chemin et du mystère de la montagne. Les pensées bibliques viennent compléter nos expériences propres et encore unc fois nous ouvrir les yeux sur ce qui se passe quand nous marchons, quand nous escaladons des sommets et que nous franchissons les vallées.

Je dédie ce livre à mes frères et sœurs, qui m'ont accompagné lors de la plupart de mes expériences de marche. Pour nous tous, la marche est devenue le symbole de notre vie. Et au cours des dernières années, nous prenons aussi de plus en plus conscience de nos limites. Nous sommes devenus plus modestes quant aux excursions que nous préparons. Nous nous croyons néanmoins encore capables de faire ce dont nous avons envie. Et nous le sentons : chaque année, la marche nous permettra de faire d'autres expériences. Tant que nos pieds nous portent, nous voulons nous abandonner une nouvelle fois à ces expériences qui sont devenues si précieuses pour nous au fil de notre existence que nous voulons continuer d'évoluer en marchant. ■

1

Avant de partir

la Noë
GR de Pays Tour du Bessin
Carrefour des Gallis
le Bois
le Triage des Chasseurs
les Gallis
D 99a
D 99
St-Paul-du-Vernay
le Pavillon
la Boulonnière
la Butte
D 13
la Bruyère Martin
la Lièvrerie
St. pomp.
D 67a
la Rose
l'Aurette
les Couturiers
Langlois
Bois
la Coudraye
le Pont Dillaye
les Salles
le Château
GR de Pays
0,6
0,15
S
W
E
N
SW
SE
NE
NW
210
240
300
120
30
60

LA PRÉPARATION DE L'ITINÉRAIRE

Mon frère Konrad s'est toujours chargé d'organiser nos excursions et nos itinéraires de randonnées. À la veille de chaque période de vacances, il se procure les cartes nécessaires. Voilà une belle image : dans la vie aussi, on doit commencer par s'orienter et se préparer de manière approfondie, pour évaluer le tracé du chemin et estimer si l'on dispose ou non des prérequis et de la force nécessaires – pour que cela puisse devenir beau, au bout de la route. Par où et comment dois-je commencer ? Où le chemin me mènera-t-il ? Quels défis m'attendent ? Ai-je l'endurance nécessaire pour les relever ? À quels points puis-je m'orienter en cours de route ?

Si l'on veut marcher en montagne, on doit garder sous les yeux le bulletin météorologique. Quelles sont les prévisions pour les prochaines heures ? Y aura-t-il de la pluie, de l'orage, voire de la neige ? La situation peut vite s'avérer dangereuse.

Le même principe vaut pour mon existence : nous ne pouvons bien entendu pas tout prévoir – et personne n'est en mesure de nous dire quelle tournure prendra le futur. Mais on peut compter sur certaines choses si l'on sait interpréter les signes. Nous pouvons ainsi mieux nous préparer aux tempêtes de la vie, aux défis que nous devons relever. Puis-je tenir ? Si on peut l'éviter, il est bon de ne pas foncer tête baissée dans une tempête. Et si nous pouvons prévoir qu'une période ensoleillée nous attend, nous devons prendre la route dans la joie et profiter pleinement de la vie. Et celui qui sait qu'après la pluie vient toujours le beau temps, que quelqu'un nous veut du bien, peut suivre son chemin avec assurance et en toute confiance.

Avant que nous ne partions ensemble à la montagne, Konrad a déjà trouvé, à son domicile, les différents sentiers qui valent la peine. La veille d'un départ prévu pour une randonnée, nous débattons du chemin que nous prendrons ensemble le lendemain. Mon frère Michael relate les expériences de ses très nombreuses excursions. Gabi, son épouse, est géographe. Elle juge toujours les itinéraires à leur intérêt géologique et à leur capacité à montrer des choses spécialement belles sur le bord du chemin. Agnes, l'épouse de Konrad, les juge quant à elle plutôt à l'aune de ses performances individuelles. Elle est issue du Hunsrück[4] et elle n'a commencé la randonnée dans les Alpes qu'après son mariage avec Konrad.

> **La première distance ne doit pas être trop pénible.**

Je tiens compte quant à moi des deux paramètres : mes performances individuelles, mais aussi le charme de l'itinéraire, tel que je le perçois à travers les descriptions de mes frères. Ma sœur cadette,

Elisabeth, est d'accord avec tout ce que nous organisons. Elle est la plus jeune et la plus en forme. Elle court tous les jours. Et elle se réjouit de chaque excursion.

La première distance ne doit pas être trop pénible. Nous voulons commencer lentement et ne pas entreprendre dès le début des itinéraires longs et fatigants. Nous devons d'abord nous échauffer. Comme il s'agit de ne jamais perdre la météo de vue, nous écoutons au préalable le bulletin météorologique de manière approfondie, même si nous ne pouvons jamais nous y fier à cent pour cent. Nous nous mettons ensuite d'accord sur un itinéraire dont nous nous croyons capables.

La question préalable que voici revêt elle aussi une importance essentielle : sommes-nous tous en bonne santé, ou bien l'un d'entre nous souffre-t-il de douleurs quelconques ? Il ne

s'agit pas seulement de bien évaluer ses propres forces, mais aussi de tenir compte de celles des autres.

Voici encore une image symbolisant notre existence : en famille, nous ne pouvons pas nous contenter de regarder notre propre force. Nous devons toujours prendre également en considération la condition de notre conjoint ou bien de nos enfants. Les deux paramètres importent. D'un côté, être sincère envers soi-même : de quoi je me sens capable ? Qu'est-ce qui me plairait ? Quel est l'objet de ma passion ? D'un autre côté, la décision doit être le fruit d'un processus commun. Je ne peux pas me contenter d'imposer mon avis. Il s'agit de surcroît de deviner ce que les autres peuvent et ont envie de faire. Nous devons donc prendre une décision ensemble. Dans cette perspective, les deux éléments sont nécessaires : la transparence de dire ce dont j'ai envie, mais aussi la capacité à mettre en retrait mes propres souhaits et en avant ceux des autres. Si je cède simplement et que, le lendemain, je suis les marcheurs avec mauvaise humeur sur le chemin choisi par la majorité, je ternirai l'ambiance du groupe, sans éprouver moi-même le moindre plaisir. Il importe que je sois flexible, que je puisse consentir de tout cœur au souhait majoritaire. Si je passe le jour suivant à faire des reproches aux autres, à critiquer le chemin et à décrire combien celui que j'avais choisi serait beau, aucun membre du groupe ne pourra profiter de l'excursion.

Se décider pour un chemin signifie aussi se décider contre un autre. Certes, nous pourrons peut-être emprunter ce chemin un autre jour. Mais il arrive aussi que se décider pour le premier chemin exclue l'autre. Je dois vivre avec cette restriction. Cette affirmation vaut aussi pour l'existence elle-même. Nous ne pouvons pas vivre toutes les possibilités d'un seul coup. Nous devons toujours trancher pour un chemin. Et la décision est restrictive. Elle implique de dire adieu à d'autres chemins et à d'autres possibilités.

Je peux m'embarquer pleinement dans le chemin que j'ai choisi seulement si ma décision a été réfléchie. Et ce chemin devient alors pour moi une expérience profonde. Si, en cours de route, je regrette l'autre possibilité et ne cesse de dire combien ce serait bien si nous avions emprunté l'autre, je ne ferai aucune bonne expérience sur la voie sur laquelle je me trouve actuellement.

Nous ne pouvons pas vivre toutes les possibilités d'un seul coup.

Lors de mes missions d'accompagnement, je vois beaucoup d'êtres humains incapables de se décider. Ils veulent souvent tout à la fois. Mais chaque « randonnée » ne remplit que des attentes bien précises, elle ne satisfait pas toutes mes aspirations. Ou bien ces personnes réfléchissent bien trop longtemps, pesant le pour et le contre de ce chemin-ci et de celui-là. On ne peut pas prendre de décision de façon purement rationnelle. À un moment ou à un autre, on doit se décider. Et je ne peux suivre ce chemin de toutes mes forces que si je ne regrette pas l'autre.

Prenons un exemple : j'ai reçu la visite d'une étudiante qui avait décidé de s'engager dans des études de médecine. À chaque difficulté rencontrée, elle regrettait de ne pas s'être inscrite en musicologie.

Suivre une voie signifie toujours dire adieu à une autre. Celle-ci aurait sans doute été belle aussi. Mais je ne peux suivre qu'une voie. Passer un bon moment à pleurer une chose peut aider à y renoncer.

Cependant nous ne devons pas rester bloqués. L'étudiante dont j'ai parlé perdait toute énergie pour ses études à force de tourner en boucle autour des mêmes idées.

Je constate un phénomène similaire chez certaines personnes âgées, qui regrettent les destinées qu'elles n'ont pas vécues. Elles se reprochent à elles-mêmes d'avoir choisi le mauvais chemin. Elles se figurent de quoi l'autre aurait eu l'air ou s'imaginent qu'il les aurait menées plus loin dans leur vie. Mais de telles réflexions gaspillent notre énergie. Elles nous dérobent l'énergie nécessaire pour poursuivre la voie que nous avons choisie. Je dois avoir renoncé à l'autre chemin et l'avoir pleuré en mon for intérieur pour être en mesure de m'embarquer pleinement sur celui que j'ai choisi et de le savourer. Cette voie me permettra alors de faire des expériences importantes, même si elle s'avère parfois pénible et qu'elle m'impose un certain nombre d'imprévus.

L'AUDACE

Chaque nouveau chemin est un pari. À chaque période de vacances, mes frères et sœurs et moi-même suivons une toute nouvelle voie. Il est parfois plus simple d'emprunter un chemin familier. Mais en tester à chaque fois un nouveau s'avère plus intéressant.

Nous lisons bien entendu au préalable la description de l'excursion que nous avons choisie et essayons de nous représenter comment sera ce chemin. Mais cette description ne retire rien au pari que nous relevons : en effet, les choses évoluent en cours de route souvent d'une manière différente de celle que nous avions imaginée. L'ascension est plus escarpée que ce que nous avions prévu ou décelé sur la carte, les marchepieds sont érodés, les rampes cassées, les chemins barrés suite à un glissement de terrain. Il nous arrive aussi de percevoir des obstacles en nous-mêmes – nous aurions peut-être plutôt dû suivre le chemin qui a déjà fait ses preuves ? Mais l'envie de parier en ressort souvent victorieuse.

Il est beau, lors d'une randonnée, de conquérir un nouveau paysage, une nouvelle vallée, de gravir un sommet inconnu et de suivre de nouveaux chemins. Ces découvertes élargissent l'horizon et nous offrent de nouvelles expériences et de nouvelles aventures.

Le terme allemand « *Wagnis* » (pari) vient du verbe « *etwas wagen* » (oser quelque chose). Cela signifie à l'origine : je mets une chose dans la balance (*Waage*) sans savoir dans quel sens la balance penchera. Je risque une chose dont je ne connais pas l'issue. Le risque (*Risiko*) et le danger sont toujours liés. Le mot français « risque » (= danger ; « risquer » = mettre en danger, mettre en jeu) exprime d'emblée cette idée. Si j'ose quelque chose, je cours le risque d'un danger. Tout peut aussi tourner mal. C'est pourquoi il vaut mieux évaluer le risque au préalable. Je dois être audacieux, mais non téméraire. Le terme « téméraire » (*tollkühn*) montre en lui-même que l'on associe l'audace avec de la témérité intérieure, de la folie. Ce qui n'est pas bon pour nous.

> **Chaque nouveau chemin est un pari.**

De nombreuses personnes ont du mal à oser vivre, en particulier les plus jeunes.

Elles préfèrent se mettre à l'abri qu'essayer un chemin. Elles réfléchissement longuement avant d'accepter un poste dans une entreprise, se demandant si elles ne seront pas finalement surmenées ou si elles devront abandonner leurs chères habitudes. Cet excès de précaution les empêche de se lancer. Elles n'osent pas vivre.

Chaque matin où nous partons en randonnée, nous osons quelque chose. Et c'est parce que nous avons cette audace de marcher que nous osons également, au quotidien, relever des paris. Nous ne voulons pas, en amont, nous prémunir contre tous les risques. Et une chose est sûre : il n'y a pas de vie sans pari. Celui qui sort de sa maison court déjà le risque qu'une tuile lui tombe sur la tête. Et s'il évite ce danger potentiel et reste chez lui, il est possible qu'il glisse dans sa baignoire, ou même que la foudre le frappe dans son sommeil. Celui qui veut vivre doit oser. Sans audace, la vie ne vaut pas le coup.

Je suis reconnaissant envers mon père de m'avoir enseigné le courage de parier. En 1923, sans filet financier, il a quitté Katernberg (Essen) pour emménager à Munich. Le chômage était très élevé à cette époque. Mais il s'est mis à travailler sur des chantiers, pour finir par fonder sa propre entreprise. Il a pris un risque. Quand il était célibataire, il allait souvent tout seul en montagne et osait gravir plus d'un sommet en solitaire. Dans notre enfance, il nous a

> **Sans audace,**
> **la vie ne vaut pas le coup.**

raconté régulièrement, rempli de fierté, qu'il était même monté à l'époque jusqu'à la Zugspitze[5]. Son sommet préféré restait néanmoins le Patscherkofel[6], près d'Innsbruck, qu'il a souvent escaladé. Il n'était pas pour autant un fonceur, il nous parlait avant tout avec enthousiasme de la beauté des montagnes. Et par la suite, quand nous étions jeunes et que nous faisions nos propres excursions à vélo et nos propres randonnées en montagne, mon père n'a jamais eu peur pour nous. Il avait confiance et savait que nous reviendrions toujours sains et saufs. Il était fier quand nous lui racontions quelque ascension périlleuse.

Le fait que les jeunes gens osent souvent moins de nos jours est sans doute lié à ce que leurs parents leur ont transmis. Si leurs parents les ont avant tout sensibilisés à l'inquiétude et à la tendance à se protéger de tout, les jeunes gens ont du mal à prendre leur vie en main.

S'engager sur un nouveau chemin revient en fin de compte à s'entraîner à oser la vie elle-même. Nous ne sommes jamais certains que notre vie sera une réussite. Nous osons prendre

> Pourtant, si on ne relève aucun pari, on n'avance jamais sur notre chemin de vie.

une voie et avons la conviction que nous irons de l'avant, pas seulement au cours d'une randonnée, mais aussi dans notre existence.

De nos jours, cette audace ne manque pas seulement aux jeunes gens. De nombreuses personnes au milieu de leur vie n'osent pas emprunter de nouvelles voies. Elles préfèrent ne pas sortir des sentiers battus, par peur de sortir des rails habituels. Un élément pourrait arriver vers elles en sens inverse et les forcer à renoncer à leurs anciennes habitudes pour commencer quelque chose de nouveau. Elles se lamentent souvent par la suite de ne jamais avoir pu atteindre le sommet et profiter de la belle vue.

Lors de mes missions d'accompagnement, je rencontre sans cesse des hommes qui cherchent de l'aide pour faire face à leur existence. Ces personnes craignent en même temps d'oser se lancer dans une entreprise nouvelle. Si je leur demande ce qui pourrait les aider, elles ne savent que répondre. Si je leur propose quelque chose de nouveau, elles reculent d'effroi : ça ne va pas chez moi ? J'ai peur. Je n'ai pas confiance en moi. Pourtant, si on ne relève aucun pari, on n'avance jamais sur notre chemin de vie.

L'HÉSITATION AVANT LE DÉPART

La veille, tout était clair. Mais au moment de partir, nous commençons parfois à avoir des doutes : le temps se maintiendra-t-il pour de bon ? Un autre dit : je n'ai pas très bien dormi cette nuit. Vais-je venir à bout de ce chemin ou bien est-il quand même trop difficile pour moi ? Un sentiment désagréable nous envahit : nous nous sommes peut-être malgré tout trompés dans l'estimation du dénivelé dont nous pouvons venir à bout ?

De nombreuses personnes connaissent cette hésitation, qui les envahit juste avant de partir. Quelque chose nous retient au dernier moment. Nous sommes pris de doutes et nous demandons si nous avons raison de tenir ce pari.

Vivre signifie se décider

Il y a une hésitation positive, qui se rappelle à nous avant le départ, à laquelle nous consentons et qui nous invite à évaluer une nouvelle fois nos forces. Mais une autre hésitation nous dissuade de nous lancer, sans motif réel. Elle nous empêche en fin de compte de relever le pari de l'existence.

Hésiter signifie tirer çà et là de façon répétée. Nous tirons nos pensées dans une direction puis dans une autre, sans rien décider. Nous retardons la prise de décision, la remettons à plus tard. Il en va de même dans notre vie : nous remettons souvent les choses importantes au lendemain.

Vivre signifie se décider. Nous façonnons l'histoire de notre vie au fil des décisions que nous prenons. Celui qui ne prend aucune décision laisse autrui ou le cours des choses décider à son sujet. Dans le pire des cas, ces décisions retomberont sur quelqu'un.

Celui qui repousse sans cesse une décision essentielle s'empêche de vivre. Ce que je remets à plus tard devient une montagne que je ne pourrai plus jamais gravir. Cela grandit sans arrêt et m'enlève la force de faire le premier pas.

La montagne n'est pas seulement l'objectif de nos randonnées. Nous disons aussi souvent que nous nous trouvons face à une

« montagne de problèmes », que le travail devient une montagne dont nous ne pouvons plus mesurer l'ampleur et que nous pouvons à peine surmonter. Par exemple, les lettres en attente se sont empilées en une montagne de courrier, qui reste à régler. Nous voyons souvent les questions et les problèmes fondamentaux de notre existence comme une montagne qui se dresse devant nous. Jésus évoque cette expérience, quand il dit à ses disciples : « *Ayez foi en Dieu. En vérité je vous le dis, si quelqu'un dit à cette montagne : Soulève-toi et jette-toi dans la mer, et s'il n'hésite pas dans son cœur mais croit que ce qu'il dit va arriver, cela lui sera accordé*[7]. » (Évangile selon saint Marc 11, 22-23) Jésus ne pensait sans doute pas au sens littéral que nous étions capables de déplacer la montagne – par exemple la Zugspitze – ou bien de la faire se jeter dans la mer. Il ne veut pas nous inciter à réaliser des tours de magie, mais il souhaite renforcer notre foi. La montagne est une image. Et cette image est devenue proverbiale : nous aspirons à une foi capable de déplacer des montagnes.

Si la foi en Dieu est le fondement de mon existence, je sens en moi une force qui en émane et qui n'est pas abattue devant la montagne de travail qui m'attend. Simplement, je commencerai en ayant confiance en Dieu et la montagne diminuera peu à peu.

Si une montagne de problèmes s'accumule, que, par peur, je préférerais éviter ou devant lesquels j'aimerais fermer les yeux, la foi peut me fournir la confiance en la capacité qu'ont ces problèmes de se régler. La foi ne constitue pas seulement les fondations sur lesquelles je peux m'appuyer pour m'atteler au travail ou à la résolution de mes problèmes. Elle m'ouvre également une autre perspective : dans la foi, j'élève mon âme vers Dieu et je regarde, de là-haut, mes problèmes. Je regarde la montagne de travail et de difficultés qui m'attend depuis un point plus haut placé. Et cet aperçu me permet de relativiser mes problèmes, qui ne me semblent plus démesurés.

L'alpinisme nous offre une expérience semblable. Quand nous sommes en bas de la montagne, nous pensons : nous n'y arriverons jamais, cette montagne est trop élevée et le chemin trop ardu. Il nous arrive aussi, au départ, de ne voir aucun chemin possible, mais seulement des rochers qui nous paraissent imprenables. Mais quand nous mettons en route, pas à pas, la montagne s'approche. Soudain, nous l'avons en réalité vaincue. Nous le sentons alors : toutes nos craintes se sont évaporées.

Celui qui remet ou repousse tout à plus tard voit s'entasser des montagnes, dont il ne vient plus à bout. Hésiter est une manière de procrastiner, qui laisse les montagnes grossir sans cesse. Partir en randonnée me permet de vivre une telle expérience : si nous sommes trop hésitants, il se fait toujours plus tard. Et plus il se fait tard, moins nous avons envie d'entreprendre un long chemin. Normalement, nous ne nous attardons pas trop quand nous voulons y aller. En effet, si nous discutons trop longtemps à tort et à travers pour savoir si nous voulons vraiment prendre ce chemin, nous ne pouvons au final plus nous y engager, par manque de temps. C'est pourquoi nous avons pris l'habitude, à ce moment-là, tout simplement, de prendre une décision. Nous ne pouvons pas envisager toutes les éventualités : comment sera le temps et comment se déroulera réellement le chemin. C'est pourquoi nous osons nous lancer, tout simplement. Une hésitation trop longue coûte de l'énergie – de l'énergie dont nous avons besoin pour la randonnée.

Si j'hésite trop fortement au quotidien à donner tel ou tel exercice lors du cours que je tiens, ou si je réfléchis trop longuement pour savoir si je dois écrire à telle ou telle personne, j'adresse alors à moi-même les paroles que Jésus dit au paralytique : « *Lève-toi, prends ton grabat et marche.* »

(Évangile selon saint Jean 5, 8) Cette pensée dissipe toutes mes pensées hésitantes. Je fais alors exactement ce que mon cœur dit, je me fie au sentiment qui y émerge à cet instant. Je cesse de réfléchir encore et encore à ma décision, pour m'attaquer à ce que je devine être juste, sans le remettre encore une fois en question. Si je le fais et que, simplement, je me lève et marche, je surmonte ma paralysie intérieure, comme dans le texte.

Je connais des personnes qui hésitent longuement, par exemple, pour savoir si elles doivent ou non se rendre à une fête d'anniversaire, à laquelle elles sont conviées. D'autres réfléchissent intensément à la manière dont elles doivent s'habiller ou à ce qu'elles doivent offrir au jubilaire. Elles imaginent ce que les autres pourraient penser si le cadeau paraissait trop petit ou trop gros. Elles réfléchissent à ce que les autres porteront, s'ils seront habillés de façon décontractée ou solennelle. Certaines personnes peuvent passer leur journée à se poser de telles questions et gaspiller ainsi toute leur énergie. Il vaut bien mieux faire une courte pause et se dire : « Lève-toi, prends ton grabat et marche. » Prends ton incertitude sous le bras et va vers les gens. Tu vas t'en sortir. Tout se passera bien.

Prends ton incertitude sous le bras et va vers les gens. Tu vas t'en sortir. Tout se passera bien.

LES COMPAGNONS DE ROUTE

À mon âge, je ne fais plus de randonnées en solitaire. C'est trop dangereux. Je pourrais me blesser en cours de route, je pourrais aller au bout de mes forces, tant et si bien que je ne pourrais plus avancer. Ou je pourrais m'égarer. Il est bon d'avoir des compagnons. Avant de partir en montagne, je me demande avec qui je souhaiterais faire la route. Cette interrogation vaut non seulement pour la randonnée, mais aussi pour tout chemin de vie. Qui pourrait m'accompagner sur ce chemin ? Je cherche des personnes avec lesquelles je suis pour ainsi dire sur la même longueur d'onde, avec lesquelles j'aime bien bavarder. Je me demande alors aussi : qui pourrait m'aider à trouver le bon ? Qui pourrait m'encourager, me revigorer et me soutenir ? Et qui pourrait m'éviter de prendre le mauvais ? J'ai besoin de compagnons de route. Ils me donnent

la certitude, en cours de route, de ne pas m'égarer. Ils m'ôtent la peur de m'épuiser ou d'avoir un accident. J'aurai toujours quelqu'un près de moi pour appeler à l'aide.

En fin de compte, chacun doit bien entendu suivre son chemin de vie en solitaire. Dans une communauté, je fais mes pas tout seul. Mais je sais que d'autres personnes marchent à mes côtés, qui peuvent me soutenir si je n'y arrive plus.

Sur le chemin de son existence, il faut sans cesse se demander avec qui l'on veut poursuivre sa route. Voilà de nombreuses décennies que j'ai décidé de suivre mon chemin spirituel avec mes frères dans un monastère. Et j'ai confiance dans le fait que la communauté me garde en vie. Quand je pars en randonnée dans les montagnes, je déguerpis avec mes frères et sœurs : mon frère aîné Konrad et son épouse Agnes, mon plus jeune frère Michael et son épouse Gabi, ainsi que ma sœur cadette

Elisabeth. Il arrive que Donata, la fille de ma sœur cadette, nous accompagne également avec son ami Christoph. Les jeunes gens aiment marcher avec nous. Nous formons une bien jolie communauté.

La communauté offre confiance et sécurité. Elle nous permet d'être fidèles à notre être intérieur. Nous n'avons pas besoin de nous déformer.

Mais les compagnons représentent bien davantage encore. Un compagnon marche avec moi, il vit la même expérience que moi. Nous suivons le chemin ensemble pour faire l'expérience de nous-mêmes et pour nous soutenir mutuellement. Au cours de ces randonnées, je ressens la communauté avec mes frères et sœurs d'une manière bien particulière. C'est bon de se savoir porté par sa famille. Chacun a le droit d'être comme il est. Chacun est accepté, avec ses forces et ses faiblesses. Nous n'avons rien à nous prouver les uns aux autres, nous n'avons pas à jouer la comédie. Et nous pouvons toujours, en cours de route, discuter seuls avec l'un ou l'autre d'entre nous.

En marchant, on peut bien bavarder. L'échange n'est pas superficiel. On arrive rapidement à l'essentiel, à ce qui préoccupe chacun en son for intérieur. Cela fait du bien

> **Sur le chemin de son existence, il faut sans cesse se demander avec qui l'on veut poursuivre sa route.**

d'écouter l'autre et de l'encourager. Mais c'est tout aussi bon que l'on m'écoute, que je puisse parler de moi, et ne pas toujours seulement donner.

Le fait d'être en route ensemble nous offre un sentiment de sécurité et une communauté. Nous sentons que ces deux éléments nous portent, et nous sommes reconnaissants de pouvoir marcher avec nos frères et sœurs. Nous nous voyons peu dans l'année. Car chacun est occupé de son côté. Mais pendant les vacances, nous nous réjouissons ensemble. Nous ressentons la bénédiction d'une famille soudée, dans laquelle chacun soutient son prochain. Il n'est question d'aucune rivalité, mais d'un soutien et d'une compréhension réciproques.

Lors de mes missions d'accompagnement, je vois de nombreuses personnes qui n'ont plus de famille. Leurs parents sont parfois décédés, ces personnes sont parfois enfants uniques. Elles se sentent seules. Elles ont certes d'autres parents, mais qui vivent si loin qu'elles n'ont aucun contact avec eux. Il arrive aussi qu'elles se soient disputées avec leurs frères et sœurs. À la mort de leurs parents, les membres de la famille en question se sont tombés dessus à bras raccourcis pour des questions d'héritage. Et maintenant ils ne veulent plus entendre parler les uns des autres. Ils ont rompu tout contact. Toute réconciliation est impossible. Si l'un d'entre eux souhaite parcourir la route de la réconciliation, les autres lui font barrage. C'est douloureux. Je suis d'autant plus reconnaissant du fait que notre famille soit soudée, que nous aimions marcher et fêter ensemble. ■

2

C'est parti !

PARTIR

Le mot *aufbrechen* (partir) signifie à l'origine « disperser un camp, dans lequel on s'est installé ». Celui qui veut partir doit pour ainsi dire démonter sa tente et se (re)mettre en route. Pour pouvoir partir, je dois parfois rompre les liens qui me retiennent prisonnier. Ma voix intérieure peut représenter un de ces liens et me dire : « Aujourd'hui je ne peux pas, aujourd'hui je n'en ai pas envie, aujourd'hui je ne vais pas bien. » Je dois mettre de côté de telles excuses si je veux réussir à partir. En allemand, le terme *aufbrechen* revêt deux significations, son emploi peut être transitif ou intransitif. D'une part, nous partons sur un chemin. D'autre part, au sens figuré, les expériences que nous faisons en cours de route nous permettent d'éclore. Il en naît des choses nouvelles, du fait que nous nous exposons à un chemin, que nous faisons en cours de route de nouvelles rencontres humaines, que nous découvrons des paysages, des lieux et des voies inconnues. Nous pourrons ainsi éclore à notre moi véritable, ainsi qu'à de nouvelles expériences à venir. Quand nous osons partir, une force nouvelle se libère en nous.

Quand nous partons en randonnée, il est important de nous être mis d'accord au préalable sur l'heure à laquelle nous voulons nous en aller. Nous avons besoin d'un rendez-vous

> Quand nous osons partir, une force nouvelle se libère en nous.

qui nous lie. Sinon, nous risquons de repousser sans cesse le départ, finalement jusqu'à la Saint-Glinglin. Sans ce rendez-vous précis, des pensées pourraient émerger en nous, comme : « Il fait trop froid ou trop chaud aujourd'hui, la journée est trop pluvieuse » ou bien : « Les conditions pourraient être meilleures demain, elles sont sans nul doute loin d'être idéales aujourd'hui. » L'heure convenue sert notre coopération. Nous savons quand nous devons avoir terminé de nous changer et de nous préparer. Si nous devons nous attendre trop longtemps les uns les autres, la mauvaise humeur prend de l'ampleur. Pouvoir compter sur les autres constitue un élément important pour que la randonnée soit un succès.

De surcroît, prendre un départ lent fait partie de l'exercice. De nombreux marcheurs veulent, au début, tester leurs forces. Ils marchent d'un pas rapide et se fatiguent vite. Je ne peux gravir une montagne qu'à condition de suivre un rythme ferme. Et ce rythme suppose une certaine lenteur. Avancer pas à pas. En effet, si, au bout d'à peine un quart d'heure, on sue fortement, on manque de souffle et on a besoin d'une première pause, on n'ira pas au bout de la randonnée. Chacun doit trouver son propre rythme. Il est normal que les uns marchent un peu plus vite que les autres. Mais il faut faire des pauses fréquentes et s'attendre mutuellement, afin que tous puissent suivre.

Quand on cherche son propre rythme, on doit prévoir un tempo que l'on peut tenir aisément pendant une heure environ. Avec l'âge, on peut réduire un peu ce temps et se baser sur quarante à cinquante minutes. Mais l'on doit se fixer intérieurement un temps fixe, au cours duquel on ne s'accorde aucune pause. Ainsi, on ne fera pas halte à la moindre difficulté. Celui qui s'arrête sans cesse fatigue vite. Il importe d'avancer simplement pendant le temps prévu. Surmonter les premières résistances aide beaucoup.

Marcher nécessite de la discipline. Les expériences que nous faisons en marchant sont applicables à notre vie entière. Il est primordial que je prenne ma vie en main. Je détermine ce que je fais, de ma propre volonté, au lieu de céder à chacune de mes humeurs. En gravissant un sentier de montagne comme dans les vallées de l'existence.

La discipline n'est pas une opération ardue. Il s'agit en réalité d'un effort sur soi, qui nous fait du bien. Je suis fier quand j'ai réussi à franchir une certaine distance dans le temps que j'avais prévu. Bien entendu, pendant l'ascension, je repense souvent : pourquoi donc suis-je en train de m'imposer une chose pareille ? Revoilà cet effort physique, revoilà cette sueur ! Il importe alors de surmonter ces pensées et, tout simplement, de poursuivre sa route. Si la conversation que j'ai à ce moment avec moi-même atteint une trop grande intensité, je ne vais pas plus loin. En revanche, si nous surmontons nos résistances intérieures, nous pouvons facilement continuer. Le départ et les premiers kilomètres de la randonnée constituent une image éloquente de notre quotidien : je ne peux pas seulement travailler et vivre au gré de ma fantaisie. Sur mon chemin intérieur et extérieur, je croise aussi des résistances, auxquelles je dois m'attaquer, que je dois surmonter. Si j'abandonne mon chemin intérieur d'évolution à chaque résistance, je n'arriverai jamais loin. J'ai besoin de me fixer des objectifs clairs et précis. Et j'ai besoin d'être motivé à combattre mon « côté lavette ». Le fait, dans de tels moments, de simplement continuer à avancer sans s'arrêter au moindre obstacle ou au moindre manque d'envie, voire de faire demi-tour, fait partie de la vie. Chacun connaît de telles résistances intérieures : à chaque tâche pénible, je cesse vite d'avoir envie. D'autres personnes me demandent pourquoi, au juste, j'accomplis ce travail. Et je finis par me le demander aussi.

Sur le chemin de montagne, je revis sans cesse un début d'ascension très escarpée et un chemin qui s'étire parfois sur une longue distance sous un soleil de plomb. Je me mets alors à suer dès le début. J'éprouve peut-être le sentiment que ce n'est pas le bon itinéraire, que j'ai mal choisi. Je dois avoir la motivation de m'en sortir à force de persévérer. Cela ne signifie pas qu'il faut faire une fixation sur l'objectif. Il peut tout à fait, à un moment ou à un autre, devenir clair à nos yeux que le chemin dans son ensemble est réellement trop long ou que nous avons surestimé nos propres capacités. Que nous n'avons pas le bon équipement pour y parvenir ou que l'eau de notre gourde se tarit trop tôt, et que nous devons faire demi-tour. Nous devons commencer par continuer un bout de chemin ensemble, le temps de réfléchir à la suite des événements.

> J'ai besoin de me fixer des objectifs clairs et précis.

Celui qui abandonne trop tôt n'avance ni sur son chemin intérieur, ni sur son chemin professionnel, ni sur son chemin privé. Nous devrons toujours surmonter des traversées du désert. La solution est simple : avancer pas à pas sans songer en permanence à la fin.

Prenons un exemple : une femme est venue me voir pour me demander conseil. Elle avait accepté un nouveau travail. Mais au bout d'à peine deux semaines en poste, des sentiments désagréables la tourmentaient. Elle pensait : je suis dépassée par mon travail. Mes collègues me sont étrangers. Je me sens mal. Dans de telles périodes également, il importe de se fixer un objectif, de tenir bon un moment, de se dire par exemple : je me bats pendant deux mois. Je m'engage dans ce travail, même si de nombreux éléments sont inhabituels. J'apprends à connaître mes collaborateurs. Quoi qu'il arrive, je suis ce chemin pour la période que je me suis fixée intérieurement. Si la situation devient trop pénible, je me réserve la liberté de chercher un autre emploi ou de changer de position au sujet de ce travail. Celui qui change de poste trop souvent ou trop vite perd peu à peu confiance en lui. Il éprouve le sentiment qu'aucun travail ne lui convient. Chaque chemin – y compris professionnel – connaît ses traversées du désert. Je ne peux pas toujours apaiser ma soif instantanément. Je n'ai parfois pas d'autre choix que de supporter des périodes difficiles.

Nous devrons toujours surmonter des traversées du désert. La solution est simple : avancer pas à pas sans songer en permanence à la fin.

FAIRE UNE HALTE

Avant de faire une vraie pause et de sortir le casse-croûte, je prends le temps, à chaque randonnée, de faire une première halte sur le chemin, une fois que j'ai marché un bon moment. Je bois quelques gorgées d'eau à ma gourde, je me demande si je dois enlever mon anorak et le fourrer dans mon sac à dos. Je m'arme pour l'étape suivante. Mais je commence par savourer l'arrêt. Je regarde le chemin et les environs. Que puis-je découvrir ? Quelle est la vue ? Je savoure la beauté de la nature et laisse le tout agir sur moi. Je me consacre pleinement à la contemplation. Quand je regarde les environs, à mi-chemin, l'impatience grandit en moi de savoir combien la vue d'en haut doit être belle.

> Je me consacre pleinement à la contemplation.

Qu'ai-je déjà réussi ?

Dans de tels moments, je regarde aussi en arrière : qu'ai-je déjà réussi ? Je suis reconnaissant d'être arrivé aussi loin. Et je perçois la présence de mes compagnons de randonnée. Nous nous encourageons souvent mutuellement. Ou bien nous confirmons la certitude de notre voisin quant à la beauté du chemin, en particulier quand ce dernier devient un sentier étroit qui serpente à travers la forêt. Nous éprouvons alors le sentiment que c'est un bon chemin. Il nous protège des rayons du soleil. Et il nous offre une belle vue. Au cours de ces haltes, ma belle-sœur Gabi nous explique souvent ce qu'elle perçoit en tant que géographe : la manière dont cette vallée s'est formée il y a des millénaires, la structure rocheuse, la texture de quelques pierres au bord du chemin. Ainsi, nous ne percevons pas seulement la beauté, mais aussi le mystère du paysage et sa genèse.

Pour moi, une halte revêt encore une autre signification. Je fais une pause pour pénétrer en mon for intérieur et trouver un équilibre. Après cette halte intérieure, je peux repartir vers l'extérieur. L'arrêt conduit en fin de compte aussi à un nouveau comportement, à une attitude qui m'aide à assumer l'existence, telle qu'elle se présente à moi. De tels moments d'unité avec moi-même me donnent une force nouvelle.

De surcroît, faire une halte signifie que je suis tout entier à moi-même : je deviens immobile et silencieux, je m'arrête. J'entre ainsi en contact avec moi-même. Je viens à moi et je perçois ce qui s'offre à moi de l'extérieur. Si je suis tout à moi, je m'ouvre à ce que je vois. Je regarde le paysage. J'admire la nature. Je perçois le chemin parcouru jusqu'ici. Et je m'assure de l'endroit où je me tiens.

Dans notre vie aussi, nous avons besoin de telles situations d'arrêt. De nombreuses personnes courent d'un rendez-vous à l'autre. Elles semblent sans cesse de se fuir et se sentent mues par les seuls événements extérieurs. Elles perdent leur consistance et leur relation à elles-mêmes, elles deviennent étrangères à elles-mêmes. Elles ne sentent plus du tout qui elles sont.

Faire une halte signifie tout simplement s'arrêter, stopper le flux de ses pensées. Pendant ce temps, je ressens au plus profond de moi qui je suis.

De nos jours, nous ne courons pas seulement le risque de sauter d'un rendez-vous à un autre. Nous sommes connectés et joignables en permanence, pour obtenir autant d'informations que possible, de nature privée comme professionnelle. En outre, un excès d'information nous rend incapables d'être dans l'instant.

Faire une halte signifie tout simplement s'arrêter, stopper le flux de ses pensées. Pendant ce temps, je ressens au plus profond de moi qui je suis. Cette identité m'offre du soutien. À partir de cette halte intérieure, je peux prendre ma vie en main et la façonner de sorte qu'elle corresponde à mon être intérieur.

Mais l'arrêt est aussi un examen : quel chemin ai-je déjà effectué ? Est-ce le bon, celui qui me conduira plus loin ? Ou bien dois-je me réorienter ? De surcroît, c'est une bonne occasion de prendre de l'air, de respirer à nouveau, de s'octroyer une pause. Quand je fais une halte, je retrouve l'envie de continuer ma route. De nouvelles idées émergent parfois, qui rendront mon chemin plus vivant.

> **M'arrêter signifie que je lève la tête, que je me redresse et que je me tiens bien droit dans la belle nature.**

Faire une halte m'invite à savourer la beauté qui s'offre à moi, qui se manifeste dans

les petits détails au bord du chemin : les gouttes de rosée qui brillent dans les herbes, le vert soutenu des prairies, l'ordonnancement subtil des cônes de sapins, la rugosité de l'écorce des arbres. Si je ne fais que foncer vers l'objectif ou que je garde en permanence mon regard dirigé vers le bas, vers les rochers qui parsèment mon chemin et qui deviennent parfois des pierres d'achoppement sur ma route – je manque de nombreuses choses qui méritent d'être découvertes. M'arrêter signifie que je lève la tête, que je me redresse et que je me tiens bien droit dans la belle nature. Je peux alors respirer et savourer ma liberté intérieure.

GARDER SON OBJECTIF EN VUE

Quand nous repartons après une petite pause, il est important de nous remémorer notre objectif. Marcher sans but précis ne génère aucune énergie. Il faut avoir un objectif pour que notre âme mette à notre disposition une force suffisante pour l'atteindre – à condition que nous l'ayons choisi *tel* qu'il corresponde à nos forces.

Le mot « objectif » signifie à l'origine la cible vers laquelle on oriente un javelot avant de le lancer. Je ne peux pas simplement jeter mon javelot. Pour aller le plus loin possible, j'ai besoin d'une cible, d'une direction précise vers laquelle diriger mon jet. Le lanceur se fixe un objectif pour être à même de projeter son javelot de toutes ses forces, aussi loin que possible.

L'image du lanceur de javelot montre que nous pouvons activer suffisamment de force en nous seulement si nous nous fixons un objectif, qui ne doit pas être utopique. L'athlète essaie lui aussi d'évaluer avec réalisme ses propres capacités. À quelle distance est-il capable de lancer ? Quelle force doit-il utiliser pour atteindre sa cible – et quand doit-il, le cas échéant, se retenir pour que le javelot ne dépasse pas cette cible ? Il sait aussi qu'il ne peut pas surpasser tous les participants au concours. Cependant, il se fixe à chaque fois un nouvel objectif plus élevé que le précédent. Il essaie de lancer plus loin que jamais. Et, en tentant ce qui paraît impossible, il atteint le possible. Il se maintient ainsi dans une tension saine.

Dans la vie aussi, il est important de se fixer sans cesse de nouveaux objectifs, d'essayer de sonder ses propres limites. De réfléchir à la direction dans laquelle on souhaite évoluer. Sans pour autant partir pour ainsi dire de rien, ce qui n'aurait aucun sens. Par exemple, me fixer comme objectif de devenir pianiste concertiste n'aurait aucun sens. Le talent me manquerait. C'est pourquoi je dois écouter au plus profond de moi et reconnaître ce qui correspond à mon essence, où se situent mes véritables dons et mes talents cachés. Je dois me fixer un objectif permettant que je devienne peu à peu l'homme unique tel que Dieu m'a créé.

Dans la vie aussi, il est important de se fixer sans cesse de nouveaux objectifs, d'essayer de sonder ses propres limites.

Me fixer des objectifs trop élevés me fera chuter. Dans la mythologie grecque, Icare, fils de Dédale, était si fasciné par le fait de voler qu'il voulait monter toujours plus haut. Il s'approcha trop du soleil et il tomba.

Mon objectif doit toujours être adapté. Si je place la barre trop haut, je pense : ce serait bien de l'atteindre, mais je n'y arriverai jamais. Et je perds peut-être tout mon courage avant même d'avoir commencé. Si, à l'inverse, je place la barre trop bas, j'atteindrai mon objectif trop vite. Je me sentirai alors sous-estimé, ou bien je me croirai capable d'atteindre tout ce que je souhaite et j'échouerai à la prochaine difficulté.

Certains objectifs peuvent nous faire rêver. Christophe Colomb s'est par exemple donné pour objectif de traverser l'océan pour découvrir les Indes. Il s'agissait d'un rêve, qui paraissait de prime abord tout sauf réaliste. Mais ce rêve l'a porté loin. Ainsi, nous sommes toujours en tension : d'un côté, nous ne devrions pas vouloir aller trop loin et choisir des objectifs inatteignables. De l'autre, nous ne devrions pas nous sous-estimer de trop et nous devrions nous laisser rêver de temps en temps de ce que nous aimerions atteindre. Il ne s'agit pas d'établir un lien entre le rêve et la réalité. Tous nos rêves ne peuvent pas se réaliser. Mais si nous n'avions plus aucun rêve, il n'y aurait plus rien de nouveau, rien ne changerait et nous devrions nous accommoder de toutes les difficultés et de toutes les insuffisances du monde.

Me fixer des objectifs trop élevés me fera chuter.

Dans leur jeunesse, beaucoup d'hommes se fixent par exemple comme objectif de devenir footballeur professionnel. Certains y parviennent. Leur rêve les a motivés à s'entraîner dur et à croire en leurs capacités. D'autres doivent accepter en cours de route qu'ils n'intégreront jamais la ligue 1 de football, et peut-être même pas la troisième division. On comprend alors l'importance de se contenter de petits objectifs. Ou de se fixer des étapes : je regarde seulement le but que je peux atteindre pour l'instant. Si, au lieu de cela, je regarde tout de suite la fin, le « sommet », j'éprouve le sentiment que je n'y parviendrai jamais. En revanche, si je prévois des étapes, je trouve la force d'aller jusqu'au prochain palier. À ce moment, je m'arrête et me demande si je peux prévoir un prochain but intermédiaire, susceptible de me conduire encore un peu plus loin.

C'est ainsi que je peux segmenter ma randonnée, voire la randonnée de mon existence, en morceaux, que je réussis à tous les coups. Et à chaque étape franchie, je peux être fier d'avoir réussi. Cette même fierté me motive à prévoir à chaque fois un nouveau but intermédiaire.

Certains jeunes se donnent pour objectif de diriger une grande entreprise. Et ils réussissent. D'autres n'ont en vue que le prochain pas et avancent petit à petit. Ils se fixent des buts intermédiaires, sur le plan professionnel et personnel. Une fois ces objectifs atteints, ils se demandent comment pousser plus loin. Ils grimpent parfois de cette manière jusqu'à la tête d'une entreprise, sans s'être jamais fixé un tel objectif.

D'autres veulent réussir tout le plus vite possible – et échouent dès les premiers mètres, car ils ratent des éléments importants ou car ils manquent tout simplement d'expérience ou de talent.

Nous devons absolument nous pencher sur la manière, quelle qu'elle soit, dont nous gérons les objectifs finaux et les étapes. Si nous n'avons pas d'objectif, nous errons sans but dans les parages sans jamais vraiment avancer. Mais nous devons toujours établir un lien entre nos objectifs et notre réalité. Ce qui signifie que nous devons parfois admettre que nous ne pouvons pas atteindre tous nos objectifs.

> **Nous fixer un objectif génère toujours un effet positif, nous mettant au moins sur les rails.**

Peu importe comment cela arrive : nous fixer un objectif génère toujours un effet positif, nous mettant au moins sur les rails. Et nous avons quand même parcouru une grande distance. Sans objectif, nous n'aurions pas même démarré.

PAS À PAS

Lors de chacune de nos randonnées en montagne, nous faisons l'expérience de chemins sinueux. La plupart du temps, le sentier commence par monter en lacets. Nous pensons alors : au prochain virage, nous verrons sans doute le sommet. Mais le chemin s'étire en longueur. Pendant longtemps, nous n'apercevons pas l'objectif, nous ne voyons que le prochain virage qui nous attend. Le chemin a l'air sans fin. Si, dans cette situation, nous focalisons trop notre attention sur la route, nous sommes vite déçus. Dans de tels cas, il est utile de se fixer un délai. En ce qui me concerne, je marche quoi qu'il arrive encore une heure avant ma première pause. Je verrai ensuite où j'en suis.

Si je pense sans arrêt que je devrais avoir atteint mon objectif à l'heure qu'il est, je vais me décourager. Pour reprendre l'image que nous avons déjà convoquée, je suis en route « à l'extérieur de moi », au lieu d'être en contact avec moi-même. Le chemin ne me transformera pas, il deviendra pour moi une charge à assumer. Mais si j'avance pas à pas, sans penser sans cesse à mon but, je maintiens une position intérieure importante.

Dans la vie aussi, j'ai besoin de marcher en permanence pas à pas. J'avance simplement à mon tempo. Je ne prête pas attention à la distance que j'ai parcourue pour l'instant. Je me consacre pleinement à la marche. Plus je vais loin, plus je m'affranchis de moi-même, et plus mon ego s'exprime d'une voix douce. Marcher est une marche de libération vis-à-vis de son propre ego. Je deviens perméable au grand chemin.

Le chemin est l'image de notre vie. Les Chinois parlent du « tao », du chemin intérieur. Nous sommes toujours en route. Et celui qui marche change. Quand je marche, je me libère de mes soucis et de mes pensées noires. Søren Kierkegaard dit un jour : « Je ne connais pas de chagrin dont je ne peux m'affranchir en marchant. » Si je m'abandonne pleinement à la marche, focalisé sur mon objectif, je me libère de mes chagrins et de mes soucis. J'avance, tout simplement, et ce faisant un changement s'opère en moi. Je deviens libre et calme – je me consacre à mon chemin intérieur. De cette manière, j'entre totalement dans la créature unique telle que Dieu l'a conçue pour moi. Je m'abandonne à mon chemin de transformation.

Le verbe *wandern* (faire de la marche ou de la randonnée) est en rapport avec le verbe *wandeln* (changer). Tous deux partagent la racine *wenden* (se tourner). Faire de la randonnée signifie « se tourner à

Je ne prête pas attention à la distance que j'ai parcourue pour l'instant. Je me consacre pleinement à la marche.

plusieurs reprises ». Quand je marche, je me transforme. Le but de la transfiguration est que j'entre de plus en plus dans ma créature, unique en son genre. En marchant, je me libère de toutes les images qui troublent et obscurcissent mon moi véritable. Et je me promène dans l'image unique que Dieu s'est faite de moi, dans ma véritable essence, dans mon moi.

Ma vie est un chemin de changement permanent. Je sens que je dois toujours aller plus loin, que je ne dois pas rester immobile davantage. Pour rester vibrante, la vie doit se transformer. C'est pourquoi je vais toujours plus loin, sans regarder sans cesse mon objectif.

Michael Ende a mis en scène ce pas à pas d'une main de maître, dans son best-seller mondial *Momo* : le balayeur Beppo ne regarde pas la longue rue qu'il doit balayer, mais seulement le petit morceau juste devant lui, à ses pieds. Soudain, toute la rue est balayée.

Beaucoup d'hommes ont l'impression de ne pas avancer. Ils sont impatients. Dans un tel cas, la méthode suivante peut s'avérer utile : poser un pied devant l'autre, toujours se contenter de faire ce qui se trouve à ses pieds. Un problème analogue se pose sur le plan professionnel. Beaucoup pensent : je me suis tant démené, j'ai vraiment fini par avancer. Arrêter son regard

> **En marchant, je me libère de toutes les images qui troublent et obscurcissent mon moi véritable.**

au pas suivant suppose de la patience. Du moins, avancer en toute sérénité – au lieu de voir devant moi la longue distance à parcourir et de perdre toute motivation – m'aide à rester sur le chemin.

> **Pour rester vibrante, la vie doit se transformer.**

Les moines connaissent depuis très longtemps cette démotivation qu'apporte un travail trop conséquent, ou un chemin trop long. Une histoire des Pères du désert – ces moines de l'Église primitive qui, au IIIe siècle, se sont retirés dans la solitude – aborde cette question : un père envoie son fils dans un champ pour le débarrasser de ses chardons et de ses épines. À son arrivée, voyant la taille du champ, le fils commence par s'allonger pour faire un petit somme. Car la montagne de travail qui l'attend lui dérobe toute énergie. Son père lui fait alors une proposition : qu'il nettoie chaque jour une surface de champ équivalente à celle que recouvre son corps quand il s'y étend. Le fils devra alors désherber chaque jour un champ relativement petit. Il parvient à s'acquitter de sa tâche : au bout de deux semaines, il a débarrassé tout le champ de ses chardons et de ses épines.

Nous avons besoin de telles images quand nous marchons, quand nous travaillons sur nous-mêmes et pour tout ce qui nous attend au quotidien : le ménage, le rangement de notre bureau ou l'étude approfondie des dossiers qui s'accumulent devant nous.

PAUSE – CASSE-CROÛTE – REPOS

Au cours d'une randonnée, nous nous réjouissons toujours de la pause déjeuner pendant laquelle nous prenons un agréable casse-croûte. Je me charge le plus souvent de trouver un bel emplacement, qui nous offre une bonne vue. C'est parfois un banc, ce sont parfois des rochers qui nous invitent à nous installer ici ou là. Nous déballons alors nos coussins et nous asseyons confortablement. Nous avons fourni des efforts, nous avons accompli quelque chose et nous éprouvons désormais le sentiment d'avoir mérité une pause. Nous pouvons à présent savourer les petits pains qu'après le petit-déjeuner nous avons tartinés pour notre casse-croûte. Et nous savourons aussi l'eau froide qui étanche notre soif. Après le petit-déjeuner, chacun s'est préparé les provisions dont il a besoin pour la randonnée. Il s'est demandé ce qui, en chemin, lui redonnerait des forces et ce dont il aurait envie. Ma sœur emballe toujours quelques barres aux céréales et une barre chocolatée, pour se récompenser du chemin parcouru.

C'est aussi une image symbolisant notre vie : avant de partir, nous devons réfléchir aux provisions dont nous aurons besoin en cours de route pour nous donner des forces, calmer notre soif, nous requinquer si nous sommes épuisés. Des provisions que nous attendons avec impatience. Au quotidien, nous avons aussi besoin d'objets de réjouissance, afin que nous puissions non seulement venir à bout de notre chemin, mais aussi le savourer.

Nous restons assis au soleil et contemplons le paysage, nous réjouissons de la beauté des montagnes et de l'immensité de la vallée en contrebas.

Une fois que nous nous sommes installés et que nous avons entamé notre pain ou nos petits pains, nous nous mettons à discuter – du chemin, du paysage, mais aussi de sujets qui nous préoccupent. Ensuite nous avons le plus souvent besoin de nous reposer encore un moment. Nous restons assis au soleil et contemplons le paysage, nous réjouissons de la beauté des montagnes et de l'immensité de la vallée en contrebas. Et nous savourons le soleil qui nous éclaire.

Il nous arrive de faire alors une petite sieste. Nous nous allongeons sur nos anoraks et somnolons paisiblement. Il est agréable de sentir le calme ici, dans les hauteurs. Et cela fait du bien de s'accorder une pause, de ne pas être obligé de repartir tout de suite.

> **Durant la pause, je suis libre d'accueillir de nouvelles idées. Je ne réfléchis pas intensément, de nouvelles pensées se présentent toutes seules à mon esprit.**

Dans le quotidien, faire une pause est également bénéfique. La science du cerveau partage cet avis : il a été depuis longtemps établi que nous ne pouvons pas travailler continuellement. Nous avons besoin d'une pause pour que notre cerveau puisse se régénérer. Elle possède des vertus créatrices. Et s'en accorder régulièrement est bénéfique. Pendant ce temps, je ne pense pas encore à la suite du parcours qui m'attend. J'en profite simplement pour me détendre, sans rien à faire. Je m'abandonne au calme.

Les Grecs ont déjà chanté les louanges de la pause. Le terme grec *anapauo* signifie aussi « respirer profondément », « se sentir libre ». Durant la pause, je suis libre d'accueillir de nouvelles idées. Je ne réfléchis pas intensément, de nouvelles pensées se présentent toutes seules à mon esprit.

Je fonctionne de manière similaire quand j'écris : j'interromps régulièrement mon travail pour m'octroyer une petite pause. Je m'allonge quelques minutes sur mon lit. Cette pause enrichit mon écriture. J'ai de nouvelles idées, de nouveaux plans naissent spontanément dans ma tête. Ces idées émergent toutes seules. Elles respirent souvent la légèreté, peut-être aussi car elles ne sont pas nées à mon bureau.

Ainsi, l'importance de la pause au cours de nos randonnées nous incite à nous en accorder plus souvent dans notre vie quotidienne, afin que notre existence respire un peu la légèreté de la coupure.

Nous ne parlons pas seulement de la pause, mais aussi du repos, qui suppose le calme, la détente. Quand nous nous reposons, nous nous apaisons et pouvons savourer notre état. Il arrive qu'une chapelle au bord du chemin m'invite au repos.

Quand je passe des vacances chez ma sœur Linda à Murnau, je l'accompagne volontiers à une chapelle sur le lac de Rieg[8]. Cette chapelle est perchée sur une petite colline, les images de ce livre sont nées là-haut.

Cette chapelle – une construction simple en pierres, avec une petite chaise de clocher en bois – ne paie pas de mine. Elle fut construite dans un ancien lieu de puissance, à l'endroit où se trouvait autrefois un sanctuaire en l'honneur d'Ostara, la déesse germanique du printemps. L'église a repris le nom de cette déesse pour sa fête du printemps : Pâques, la fête de la résurrection, le jour où la nouvelle vie de Dieu s'épanouit en Jésus et transfigure tout. Devant cette chapelle se trouve un petit banc. Nous nous y asseyons et restons silencieux tous les deux. Je contemple le paysage. Devant moi, je vois le lac de Rieg, et à côté de lui les prés d'herbe fraîche, que le vent traverse de légères ondulations. En arrière-plan, je vois la crête du mont Herzogstand[9], le sommet du Heimgarten[10] et, plus à droite, le sommet du Ettaler Mandl[11]. Le paysage est empreint de calme et de beauté. Je sens ici quel bien procure la contemplation du paysage, combien ces moments sont salutaires pour mon âme. Je regarde simplement devant moi, en prenant tout mon temps. Je laisse le paysage agir sur moi. Le nom des lieux ou des montagnes importe peu. Je regarde, tout simplement. Entre les prairies et les champs, je vois des clochers qui signalent de petites localités. Les clochers des églises de Haute-Bavière – qu'on appelle les oignons dorés – s'accordent parfaitement avec le paysage montagnard. Ils lui confèrent un caractère tendre et moelleux. Quand je m'octroie un temps de repos devant cette chapelle, j'en repars ensuite transfiguré. Et quand ma sœur est à mes côtés, nous revenons tous deux touchés par le mystère du lieu.

> **Dans notre vie, nous avons ainsi besoin d'un bon équilibre entre le repos et la marche, le calme et le travail.**

Quand je pense au repos, un proverbe me vient à l'esprit : « Se reposer, c'est se rouiller. » Celui qui se repose trop longtemps perd de sa vigueur. L'image de la « rouille » illustre un arrêt qui laisse des traces. Si une chose est exposée un certain temps au vent et à l'orage, elle rouille – les roues rouillent en profondeur.

Si nous voulons poursuivre notre route et que nous nous reposons trop longuement, il arrive que la pause ne nous revigore pas, mais qu'au contraire elle amoindrisse nos forces. Nous n'avons plus envie de continuer. Nous remarquons combien il est harassant de lever nos membres fatigués et de reprendre la route. Nous avons besoin d'une motivation intérieure pour nous relever et nous donner envie de nous mettre en chemin.

Dans notre vie, nous avons ainsi besoin d'un bon équilibre entre le repos et la marche, le calme et le travail. Cela correspond en fin de compte au rythme que le fondateur de

> Se reposer, c'est se rouiller.

notre ordre, Benoît de Nursie, a prescrit à ses moines : *ora et labora*, le rythme de la prière et du travail. Celui qui ne fait que prier est trop centré sur lui-même. Celui qui ne fait que travailler s'exploite lui-même. Et il arrive assez souvent qu'il fuie face à lui-même. Nous avons tous besoin, dans la vie quotidienne, de périodes d'hibernation, afin de pouvoir retourner au travail avec un plaisir renouvelé.

Je connais des hommes qui ne s'accordent aucun repos. Ils pensent que sans eux rien n'irait, qu'on a besoin d'eux en permanence. Une enseignante que j'ai rencontrée se plaignait par exemple du poids que représentait son travail à l'école. Elle ne s'octroyait aucune pause, car elle pensait que les élèves avaient vraiment besoin d'elle. Elle n'écoutait pas les signaux que lui envoyait son corps. Soudain, elle se mit à souffrir d'une fâcheuse éruption cutanée. Son corps lui signalait ainsi qu'elle devait faire une trêve. Elle commença par prendre des médicaments pour essayer de gérer ses boutons, tout en continuant de travailler. Son médecin avait beau lui dire que cela n'avait aucun sens de continuer à nier son épuisement et à dédaigner les signaux de son corps. Sa peau lui disait qu'elle ne se sentait plus bien à l'intérieur. Son corps lui donnait la permission de se reposer et de s'accorder un peu de répit.

Si nous ne nous octroyons pas délibérément un temps mort, notre corps nous y force parfois. La pause – la guérison – dure en général dans ce cas plus longtemps que si nous avions prévu de nous reposer en chemin.

TROUVER LA SOURCE

Lors de chaque randonnée, nous emportons bien entendu de l'eau. Mais une bouteille ne suffit pas pour tout le trajet. Nous comptons toujours sur le fait que nous croiserons un ruisseau et que nous pourrons y remplir nos gourdes d'eau. C'est encore mieux quand nous découvrons une source d'eau claire, à laquelle nous pouvons boire directement.

Il m'est arrivé de faire une randonnée assez longue, au cours de laquelle j'ai épuisé ma réserve d'eau. Je pensais trouver une source quelque part, mais il n'y en avait tout bonnement aucune. Puis je me suis en plus égaré. Je pensais ne pas réussir à rentrer. Quelle ne fut pas ma joie d'apercevoir enfin une maison ! Devant cette maison se trouvait un robinet. Je remplis ma bouteille, je m'installai, épuisé, et je bus un bon litre d'eau sans m'arrêter, tellement j'étais assoiffé.

Depuis ce jour, je regarde toujours avec une plus grande attention la région que j'envisage de traverser. Et je me réjouis quand le chemin suit un ruisseau. Le bruissement et l'écoulement de l'eau nous procurent à nous, randonneurs, fraîcheur et vitalité.

Quand nous parvenons à une source, nous sommes particulièrement ravis. Boire l'eau d'une source est fantastique. Le fait que nous rentrions en contact avec notre source intérieure quand nous buvons à une source est symbolique. Celle-ci revêt un caractère sacré et vierge. La Bible décrit Dieu comme la source de la vie. L'évangéliste Jean évoque la source jaillissante, dont l'eau donne la vie éternelle (Évangile selon saint Jean 4, 14). Il établit un lien entre la source et le Saint-Esprit. Et il expose ensuite : « *D[u] sein [de celui qui croit en Jésus] couleront des fleuves d'eau vive. Il parlait de l'Esprit que devaient recevoir ceux qui avaient cru en lui.* » (Évangile selon saint Jean 7, 38 et sq.)

J'essaie seulement d'être pleinement présent et de rester en contact avec ma source intérieure.

La source du Saint-Esprit est en moi. Quand j'entre en contact avec ma source intérieure, je me sens en forme. Je perds alors la peur de m'épuiser au travail. J'ai confiance dans le fait que la source intérieure en moi est intarissable, car elle est divine. Si je puise à cette source, j'éprouve une fraîcheur et une créativité intérieures. Je sens que de nouvelles idées me viennent toutes seules.

Je connais des phases au cours desquelles je n'ai pas envie d'écrire. Dans de tels moments, j'ai le sentiment que j'écris toujours la même chose, que mes mains ne modèlent rien de nouveau. Quand je suis relié à ma source intérieure, les phrases coulent facilement. J'ai l'impression que ma relation à autrui aussi gagne alors en vivacité. Je ne ressens pas la pression à l'idée de devoir donner aux autres quelque chose de particulier. J'explore simplement mon for intérieur, j'essaie de me relier à ma source. Les mots dont les hommes ont besoin sortent alors de moi. Je ne fournis pas d'efforts particuliers. J'essaie seulement d'être pleinement présent et de rester en contact avec ma source intérieure.

Il est important de boire suffisamment en cours de route pour compenser l'eau que nous avons perdue par notre sueur. Nous sommes toujours tributaires du fait de trouver une source ou un ruisseau sur notre chemin et de pouvoir y remplir nos gourdes. Cette question illustre notre vie : au cours de notre existence, nous perdons beaucoup de force en travaillant et en nous engageant pour autrui. Nous avons sans cesse besoin d'une source à laquelle nous rafraîchir et faire le plein de forces. Au cœur du quotidien, le silence représente à mes yeux une telle source : quand je me tais et que je pénètre en mon for intérieur, je rencontre ma source intérieure. Le silence en lui-même constitue déjà une telle source, qui me permet de respirer. Tout comme marcher en pleine nature ou écouter de la belle musique. J'entre alors en contact avec le tréfonds de moi-même. Mon âme vibre et revient à la vie si elle s'était affaiblie.

L'image d'un plein d'essence ne convient pas, même si nous utilisons volontiers cette expression pour indiquer que nous remplissons à nouveau notre réservoir intérieur. Un réservoir plein me permet de rouler jusqu'à ce qu'il soit vide. Cependant, si je suis en contact avec ma source intérieure, je n'ai nul besoin de refaire le plein. J'y puise toujours, car elle est en moi. Mais je dois veiller à être perméable pour que la source en moi ne se tarisse pas. Elle ne sert pas mon ego, qui aimerait raconter qu'il est infiniment performant, mais elle veut couler en moi. Elle ne le fait que si je relègue mon ego au second plan et que je deviens perméable au Saint-Esprit.

SE REMETTRE EN ROUTE

Après la pause, nous reprenons notre route. Nous n'avons pas encore atteint le sommet, le chemin continue de monter. Les premiers pas qui suivent notre moment de repos sont douloureux. On a vraiment le sentiment d'être rouillé. On aurait tellement aimé somnoler encore un peu au soleil et se reposer. Mais quand on s'est fixé un but, on doit repartir à l'heure. Il faut faire un effort. On peut être envahi par quelques doutes, on peut se demander si l'on n'a pas exigé trop de soi-même, si cela n'aurait pas suffi ou été mieux de faire demi-tour et de retourner dans la vallée. Mais quand on a réussi à se relever, on reprend peu à peu le bon rythme. Et continuer devient plus facile. Quand sa tête est claire, quand on a réduit ses doutes au silence, on peut à nouveau se concentrer sur son chemin.

> Quand sa tête est claire, quand on a réduit ses doutes au silence, on peut à nouveau se concentrer sur son chemin.

À mes yeux, se mettre à nouveau en route symbolise aussi la vie. On pense assez souvent : « Ce que j'ai réussi ne suffit-il pas ? » « Je pourrais me reposer une bonne fois et être satisfait de ce que j'ai déjà accompli. » De telles pensées sont tout à fait sensées. Un jour ou l'autre, il est sans doute bien de se satisfaire des résultats accomplis. Chacun et chacune doit en prendre conscience. Quel est le point où je sens que je suis arrivé, que j'ai accompli suffisamment ?

Dans son récit *Ce qu'il faut de terre à l'homme*, Léon Tolstoï décrit de façon saisissante où nous mène le fait de toujours vouloir posséder plus. On promet au protagoniste de l'histoire, un paysan, qu'il deviendra propriétaire du terrain dont il parviendra à faire le tour à pied en une journée. Le soir, il atteint la surface maximale, à bout de forces. Mais il ne peut rien en garder, car il meurt d'épuisement.

La vie n'est bien entendu pas seulement faite d'objectifs matériels, bien au contraire. Le chemin intérieur, notre quête du sens de l'existence et du mystère de Dieu se poursuit sans cesse. Il n'existe aucun chemin spirituel sur lequel on pourrait se reposer à jamais, comme si l'on avait déjà atteint Dieu. Nous n'atteignons jamais Dieu. Ainsi, je dois sans cesse me remettre en route, continuer, assumer les efforts que le nouveau chemin

exige. Je ne peux pas dire : jusqu'ici et pas plus loin. Le chemin de l'accomplissement de soi ne finit qu'avec la mort. Jusque-là, je dois continuer de marcher sans cesse et, en même temps, de changer moi-même. Sinon, ma vie s'avérera stérile.

Me délecter de mes exploits passés ne mène à rien. Refuser d'affronter l'instant présent est tout aussi inutile.

Regarder vraiment Dieu est le véritable but de notre vie. Et je dois sans cesse repartir vers Dieu. Seule la mort me permettra de le voir vraiment tel qu'il est.

> Le présent est le droit de lâcher le passé pour être pleinement là.

> Le présent
> me lance toujours
> de nouveaux défis.

Même en vieillissant, je continue de me développer. Il serait fatal de ne penser qu'au passé. C'est une bonne chose de me souvenir avec gratitude de ce que j'ai vécu et de ce que j'ai accompli. Mais je ne peux pas en rester là.

Lors de mes missions d'accompagnement, je rencontre de nombreuses personnes qui regardent toujours en arrière et sont incapables de vivre dans le présent. Elles voient les chances et les erreurs passées, elles pleurent les opportunités manquées, elles se révoltent contre le futur. L'instant présent, l'ici et maintenant leur est insupportable.

Le présent est le droit de lâcher le passé pour être pleinement là. Si je vis dans l'instant, je perçois la beauté sur le chemin. Je n'ai alors pas besoin de m'enthousiasmer pour les sommets que j'ai gravis et pour les excursions passées. Je m'engage sur un chemin qui ne conduit peut-être plus vers de si hauts sommets, mais sur le bord duquel je peux découvrir beaucoup de belles choses. Si je vis dans l'instant présent et que je continue mon chemin à dessein, je m'ouvre à toutes les merveilles que Dieu souhaite me montrer dans la nature, dans la rencontre d'autres hommes et dans le silence.

Le présent me lance toujours de nouveaux défis. Je me demande : que veut Dieu de moi ? Quel chemin dois-je suivre ?

SENTIERS DES CRÊTES – EXPÉRIENCES LIMITES

Quand j'étais jeune, marcher sur une ligne de crête escarpée ne me faisait aucun effet. Je pouvais regarder en bas, à droite et à gauche, et mon pas restait sûr. Plus je vieillis, plus je le sens : marcher sur les lignes de crêtes, ce n'est plus pour moi. Je n'ai plus confiance en moi. J'ai peur d'avoir le vertige. Quand je l'ai compris, j'ai tout d'abord pensé que je souffrais d'un problème psychique. Mais en parlant avec d'autres personnes, j'ai compris : il est normal, avec l'âge, de ne plus pouvoir faire de telles excursions. On perd simplement de l'assurance. Je me suis ainsi réconcilié avec mes limites. Quand soudain le paysage devient à pic, à ma droite et à ma gauche, je le sais : je n'emprunterai pas ce chemin. Je dois alors m'arrêter et faire demi-tour. Au début, j'avais du mal à me l'avouer. Mais je connais désormais mes limites et les accepte.

> **Mais je connais désormais mes limites et les accepte.**

Je peux néanmoins profiter encore de certains magnifiques sentiers des crêtes. Quand, dans le Zillertal[12], nous avons emprunté un sentier étroit pour aller d'un sommet à un autre, j'ai savouré la vue des deux côtés. Le chemin était assez large pour que les versants en pente abrupte de part et d'autre ne m'effraient pas.

Le chemin sur la crête nous offrit de magnifiques perspectives. Devant moi, je voyais les montagnes qui délimitent la vallée d'Ahrntal : à gauche le massif des Karwendel et ses roches calcaires – et à droite, au loin, je pouvais apercevoir l'Ortler[13].

De telles expériences élargissent le regard. Elles font apparaître la beauté multiforme du paysage et transmettent un sentiment de liberté et d'étendue. On ne peut emprunter de tels chemins qu'avec entrain, dans la joie que procure notre merveilleuse nature.

Il existe aussi des sentiers de crêtes dans le quotidien. De nombreuses personnes qui ont été promues ont l'impression que leur voie impose le vide autour d'elles. Sur une ligne de crête, près du sommet, chacun doit avancer seul. Nul ne peut être à mes côtés. L'un d'entre nous tomberait. Je ne peux pas non plus loucher sans cesse derrière moi.

On emprunte aussi un sentier de crêtes entre les différents partis qui se sont formés à l'intérieur d'une entreprise, d'une famille ou d'une paroisse. Je le sens alors : je veux marcher sur la ligne de crête pour relier les deux groupuscules. Mais je suis seul sur le chemin. Personne ne m'aide. Au contraire : de devant ou de derrière moi, certaines personnes me crient des propos quelconques, qui ne me sont d'aucun secours pour poursuivre mon chemin de façon claire et droite, mais qui me font courir le risque de basculer d'un côté ou de l'autre. De plus, je dois accepter mes propres frontières, mes limites : à quel endroit dois-je

Elles font apparaître la beauté multiforme du paysage et transmettent un sentiment de liberté et d'étendue.

me refuser à poursuivre sur cette crête étroite, entre tous les fronts ? Où siège la menace de la chute, de la blessure, de l'échec définitif ?

Quel est mon état intérieur : ai-je peur d'avoir le vertige, de heurter mes limites sur cette ligne de crête ? S'agit-il d'une peur que je peux surmonter ou bien d'une peur qui cherche à me garder d'aller plus loin ?

Je peux aussi me demander si j'aspire vraiment à suivre un tel sentier des crêtes sur la durée. Une telle exigence ne s'avère-t-elle pas finalement trop élevée ? En outre, je dois mettre la sûreté de mon pas à l'épreuve : qu'est-ce que j'ose faire dans ma vie ? À quel point suis-je sûr de ma route ?

Quel chemin me convient, quel chemin puis-je emprunter en étant sûr et confiant ? Avant d'oser marcher sur la ligne de crête, il est bon de parler avec d'autres de ma motivation profonde : ai-je quelque chose à me prouver ou à prouver à autrui ? Ne serait-il pas plus sensé de m'avouer ma peur et mes limites et de choisir un chemin qui me convient ?

> **Quel chemin me convient, quel chemin puis-je emprunter en étant sûr et confiant ?**

De temps à autre, il est nécessaire que je m'expose à une situation difficile, car je dois alors m'engager. Si j'écoute mon cœur, je sens que mon choix est cohérent, que c'est

mon devoir d’emprunter ce chemin, cette difficile ligne de crête, et ainsi de transmettre aux autres hommes de la largeur d’esprit et de la liberté.

Si je ne laisse aucun individu ni aucun groupe me contraindre à agir, je peux marcher droit et avec une grande légèreté intérieure, car je suis pleinement avec moi-même. ■

3

Arrivés en haut !

L'EXPÉRIENCE DU SOMMET

Atteindre le sommet est une expérience particulière. On y arrive souvent à plusieurs. D'autres se trouvent déjà à la croix du sommet et fêtent leur succès, le fait d'avoir réussi une ascension pénible. Ils inscrivent leur trace dans le livre d'or et savourent la vue. Certains s'autorisent aussi à trinquer à leur victoire.

Arriver en haut donne toujours un sentiment exaltant. On le sait : fournir tant d'efforts en a valu la peine.

Il arrive que les derniers pas soient particulièrement fatigants : on pense être déjà tout près du sommet. Mais le chemin restant s'avère plus long et plus difficile qu'on ne le pensait. Le fait d'arriver enfin est d'autant plus libérateur. On sent qu'endurer une telle fatigue a eu du sens. Comme il est bon de venir ensemble à bout de parcours ardus. Qu'il vaut la peine de surmonter une traversée du désert et de continuer sa route. D'arriver. De se tenir debout tout en haut et de jouir d'une merveilleuse vue panoramique.

La plupart des sommets des Alpes et d'autres domaines de randonnée sont signalés par une croix au sommet. N'y figure pas seulement l'altitude que l'on a atteinte ; elle montre bien davantage : l'amour de Jésus est au-dessus de tout, la croix est un signe de victoire. Toute la souffrance et la haine du monde sont vaincues par l'amour de Jésus-Christ, qui nous a aimés sur la croix éperdument et jusqu'au bout. Jésus lui-même dit, quand il parle de son chemin vers la croix : « *Et moi, élevé de terre, j'attirerai tous les hommes à moi.* » (Évangile selon saint Jean 12, 32)

Arrivés à la croix, nous pouvons nous sentir étreints par l'amour de Jésus, par l'amour de Dieu, qui afflue vers nous d'une façon particulière au sommet d'une montagne et nous entoure de tous les côtés.

Dans le christianisme primitif, la croix symbolisait aussi l'arbre de Vie, le Ciel et la Terre réunis ensemble. La croix nous montre ainsi que nous sommes toujours deux : les hommes sur la Terre et les hommes dans le Ciel.

Le sommet nous invite à nous reposer et à savourer la vue. Je me retourne pour regarder de tous les côtés, j'admire le paysage et la perspective large. J'aimerais peut-être savoir comment s'appellent les montagnes que j'aperçois. Mais il me suffit de regarder, tout simplement.

Arriver en haut donne toujours un sentiment exaltant.

Si, depuis le sommet, je plonge mon regard dans la vallée, les maisons des villages en

contrebas me paraissent minuscules. Je ne parviens pas à distinguer les hommes qui traversent la rue. Tout le quotidien reste pour ainsi dire sous moi et en sort relativisé.

L'essentiel entre dans mon champ de vision. Soudain, le fait que j'ai vidé ou non le lave-vaisselle, le fait que tel ou tel restaurant soit ou non ouvert ce soir et ce que je pourrais y manger, toutes ces questions m'importent peu. Au sommet, je ne m'énerve plus au sujet des paroles que l'un ou l'autre m'a dites et qui m'ont peut-être blessé. Tout ce qui me paraissait si important dans la vallée perd de son poids. Là-haut, je me sens libre. Regarder au loin et contempler le magnifique paysage de montagne procure un sentiment exaltant. Le sommet me permet de savourer le bonheur de l'instant présent. Il est bon de me laisser ici du temps et de ne pas tout de suite redescendre.

Une telle réussite d'être parvenu au sommet doit aussi être célébrée. Aujourd'hui, nombreux sont ceux qui filent à toute allure d'un succès au prochain. Ils ne peuvent vraiment ni le savourer ni le fêter. Ils arrivent au sommet, s'y attardent quelques brefs instants et, dès l'instant suivant, reprennent leur route. Ils vont d'un sommet à un autre, sans jamais trouver de tranquillité et sans jamais jouir de ce qu'ils ont atteint.

Pourtant, chaque réussite appelle une pause, pour regarder derrière soi et percevoir avec gratitude : quel chemin ai-je suivi ? Quelles difficultés ai-je surmontées ? Quelle fatigue ai-je endurée pour atteindre le sommet ? C'est seulement dans la gratitude à l'égard du chemin que j'ai emprunté et de ce que j'ai atteint que je peux vraiment savourer ma réussite.

Atteindre un sommet est aussi un symbole, avec nos vies en tête. Une fois arrivé en haut, je me souviens de ce moment que j'avais vécu où je m'étais senti aussi loin et libre que maintenant, au sommet.

Le psychologue américain Abraham Maslow – qui s'est intéressé aux expériences spirituelles, dont il considère qu'elles participent du chemin de l'accomplissement de soi, tout comme la rencontre avec sa propre sexualité – raconte également les expériences

C'est seulement dans la gratitude à l'égard du chemin que j'ai emprunté et de ce que j'ai atteint que je peux vraiment savourer ma réussite.

de sommet qu'il a vécues. Il peut s'agir de la naissance d'un enfant, d'une conversation entre amis, de la plongée dans la musique, de la fusion sexuelle avec son ou sa partenaire. Aux yeux de Maslow, ces expériences paroxystiques constituent toujours des expériences mystiques. Et en fait partie l'extase, l'autotranscendance : notre conscience devient soudain claire pour nous. Nous nous éveillons à la conscience pure. Nous sommes arrachés à l'étroitesse de notre perception et ne faisons qu'un avec le mystère de tout être. Maslow décrit l'expérience de sommet en ces termes : « L'homme entre dans l'absolu, il ne fait qu'un avec lui, ne serait-ce que pour un court instant. Cet instant change sa vie. Beaucoup ont dit à ce sujet que l'esprit de l'homme fait une pause à cet instant et que dans cet instant intemporel se révèle la nature paradoxale variable/immuable de l'univers. »

Dans la vie, nous vivrons un certain nombre d'expériences de sommet. La question est la même que lors de l'ascension d'une montagne : pour atteindre le sommet, je dois fournir des efforts. Les Latins disent « *per aspera ad astra* », ce qui signifie : « Par des sentiers ardus jusqu'aux étoiles. » De nombreuses personnes identifient les expériences de sommet à des expériences de réussite. Il peut arriver que les réussites soient de telles expériences, mais pas uniquement. Nous savons que nous ne pouvons pas nous accrocher à notre succès et que nous ne pouvons pas nous reposer sur lui. Depuis le sommet, nous devons redescendre dans la vallée. L'expérience de sommet nous apprend à percevoir avec conscience et à savourer les beaux instants de notre vie : un succès, une belle rencontre, une conversation réussie. Faire une pause est nécessaire pour que l'expérience devienne une réalité intérieure, qui nous porte au quotidien et qui élève notre âme. Si je perçois avec conscience l'expérience de sommet et que je la laisse pénétrer en mon for intérieur, je peux toujours me la rappeler. En particulier lorsque je ne vais pas très bien, j'entre en moi-même pour en sortir le trésor de mes souvenirs. Par ma mémoire, je peux revivre un moment particulier de bonheur et m'en réjouir. Cela m'éclaire jusqu'aux jours ternes et me donne de l'espoir au moment où je suis enfoncé profondément dans une crise. Si dans la vallée le chemin devient pénible, le souvenir de ce que j'ai atteint m'aide à le parcourir avec plus d'entrain et de légèreté.

Dans la vie, nous vivrons un certain nombre d'expériences de sommet.

VOIR CLAIR

Les évangélistes nous racontent aussi une merveilleuse expérience de sommet. Il s'agit de l'histoire de la transfiguration de Jésus sur la montagne. Matthieu et Marc parlent d'une montagne très haute, que Jésus gravit avec trois de ses disciples. Ils grimpent ensemble jusqu'au sommet et Jésus est transfiguré sous les yeux de ses disciples : « *Son visage resplendit comme le soleil, et ses vêtements devinrent blancs comme la lumière.* » (Évangile selon saint Matthieu 17, 2) L'expérience décrite par les évangélistes équivaut à ce qu'Abraham Maslow appelle « une expérience de sommet » : soudain, tout devient clair. L'être véritable s'illumine, sans hypocrisie ni dissimulation. Jésus devient visible ici de tout son être. C'est de la lumière pure et de l'amour pur.

Luc est le seul évangéliste à évoquer le fait que Jésus monte sur la montagne avec ses trois disciples pour prier. Normalement, Jésus revient sur la montagne pour parler à son père dans la solitude. Il emmène ici volontairement trois disciples. Il aimerait les initier personnellement au mystère de sa personne. Luc écrit que, comme Jésus priait, « *l'aspect de son visage devint autre, et son vêtement, d'une blancheur fulgurante* » (Évangile selon saint Luc 9, 29). Jésus ne veut pas seulement dévoiler sa véritable essence à ses disciples. Il aimerait aussi leur montrer ce qui pourrait leur arriver s'ils priaient de la même manière que lui. Selon Luc, la prière de Jésus est toujours pensée comme un modèle pour nous. Il aimerait nous dire : si nous prions avec la même intensité que Jésus sur la montagne sacrée, notre vie, elle aussi, pourra s'illuminer, notre visage pourra se transfigurer. Cela deviendra soudain transparent à la lumière de Dieu. Nous entrons en contact avec l'image unique, intacte et originelle, que Dieu s'est faite de nous.

Il n'existe pas de meilleur endroit qu'une montagne pour vivre cette expérience intensive de la transfiguration par la prière. Quand nous avons gravi un sommet, nous nous asseyons souvent à l'écart des nombreuses personnes qui nous entourent à la croix du sommet. Nous cherchons un endroit tranquille pas seulement pour savourer la vue, mais aussi pour faire l'expérience du mystère de la montagne. Il peut s'agir d'un sentiment exaltant. Si je m'assois simplement en silence et que j'ouvre mon cœur à Dieu, je devine ce que les disciples ont vécu sur la montagne avec Jésus.

La tradition a identifié ce lieu de la transfiguration comme étant le mont Thabor. D'autres pensent que c'est plutôt le mont Horeb qu'ont gravi Jésus et ses disciples. Peu importe de quelle montagne il s'agissait : une haute montagne a une aura bien spécifique. J'y sens Dieu proche de moi. Je sens le sublime, le sacré, ce qui donne des frissons. Et cette expérience me transfigure.

L'évangéliste Luc dit que Jésus a prié là-haut. Luc n'évoque pas le contenu de sa prière. Mais dans le texte grec il emploie le mot *proseuchesthai*, ce qui signifie : il prie *pour* quelque chose ou quelqu'un. Dans sa prière, il est tout entier orienté vers le père. C'est une belle image pour nous : si, au sommet d'une montagne, nous nous orientons tout entiers vers Dieu, tout s'illumine pour nous. Nous regardons le paysage au loin avec un regard nouveau. Nous reconnaissons en tout la beauté de Dieu. La magnificence de Dieu nous éclaire en toute chose. Et ainsi notre vie s'illumine aussi. Nous serons remplis de la lumière de Dieu, qui adopte souvent, sur la montagne, une teinte singulière. Ce sont des moments que nous aimerions retenir, comme Pierre nous le rapporte dans l'Évangile. Nous bâtirions volontiers trois tentes, comme Pierre le propose à Jésus, pour retenir cette expérience particulière. Mais nous n'y parvenons pas. Les disciples doivent aussi laisser le sommet derrière eux et redescendre dans la vallée.

Plus loin dans le texte, Luc raconte que la peur succède de près à cette magnifique expérience de transfiguration : une nuée noire survient et jette son ombre sur les disciples. Tout devient soudain sombre et froid. Les disciples sont saisis de peur. Mais ils entendent la voix de Dieu, qui part de la nuée : « *Celui-ci est mon Fils, l'Élu, écoutez-le.* » (Évangile selon saint Luc 9, 35)

Ils doivent ensuite retourner dans la vallée. Mais ils emportent avec eux l'expérience de la lumière qu'ils ont vue sur le visage de Jésus. Et ils emportent les paroles que Dieu leur a dites à propos de Jésus. Ainsi, nous devrions nous aussi emmener nos expériences de sommet quand nous descendons dans le brouillard du quotidien. Dans la vallée de notre vie de tous les jours, il s'agit de nous en souvenir – par exemple une belle rencontre, le calme et la beauté ou encore l'instant où tout est devenu clair pour nous, l'instant où nous pouvions nous dire pleinement oui à nous-mêmes, malgré une situation extérieure pas forcément très agréable. Si nous descendons du sommet avec cette expérience de la lumière intérieure, le brouillard se résorbera aussi dans la vallée de notre existence. Nous pouvons nous accrocher au souvenir de la lumière qui s'est mise à briller sur la montagne, en nous-mêmes et dans les personnes qui étaient avec nous tout là-haut.

Si nous descendons du sommet avec cette expérience de la lumière intérieure, le brouillard se résorbera aussi dans la vallée de notre existence.

CROIRE À LA PROMESSE

Quand, arrivé au sommet, je prends le temps de me reposer et de réfléchir au mystère de la montagne, de nombreuses autres histoires bibliques me viennent à l'esprit. L'Ancien Testament raconte que Moïse reçoit les dix commandements sur la montagne sacrée du Sinaï. Il y demeure tout seul, quarante jours et quarante nuits, et se prépare à rencontrer Dieu en jeûnant. Quand Moïse descend de la montagne, il ne remarque pas du tout que son visage rayonne. Les Israélites ont peur de sa peau qui irradie, c'est pourquoi Moïse met un voile sur son visage (Exode 34, 29 et sq.). Ainsi, il peut aussi arriver à notre visage de se transfigurer et de rayonner véritablement quand nous avons fait l'expérience de Dieu comme lumière, au sommet de la montagne.

L'évangéliste Matthieu établit un parallèle entre les cinq livres de Moïse et cinq grands discours de Jésus. Il veut faire comprendre ainsi : Jésus nous donne un nouveau commandement, qui n'abroge pas les commandements de l'Ancien Testament, mais les complète.

Le premier et plus long discours de Jésus est le Sermon sur la montagne. Matthieu ne nous révèle pas le nom de la montagne sur laquelle il a tenu cet important discours. Cela n'a d'ailleurs que peu d'importance. Il est plus décisif de noter que l'événement a eu lieu sur une montagne, de même que Dieu a confié à Moïse les dix commandements sur une montagne.

L'Évangile selon saint Matthieu évoque les huit béatitudes de Jésus. Le chiffre huit est le chiffre traditionnel de la transcendance. Jésus ouvre les yeux de ses auditeurs – et aussi les nôtres, ses lecteurs – au mystère qui les dépasse : à Dieu, qui transcende toutes leurs pensées. Le terme « béatitude » désigne ici un chemin vers le véritable bonheur, une indication de la manière dont notre vie peut être réussie.

Dans les Béatitudes, Jésus nous révèle par conséquent une possibilité de participer au bonheur dont il nous parle, malgré toutes les difficultés. Il monte sur une montagne pour nous montrer un chemin qui réunit la sagesse de l'Ancien Testament et la sagesse de tous les peuples.

En même temps, Jésus nous promet que notre vie peut être réussie. Ses promesses se tiennent devant tous les commandements. Il nous dit que nous pouvons obéir à ses paroles et que, si nous les écoutons, nous vivrons conformément à notre essence d'être humain et comme Dieu l'a depuis toujours pensé pour l'homme. Si nous sommes fidèles aux huit attitudes que Jésus nous transmet dans les Béatitudes, nous deviendrons comblés, heureux. Nous serons alors le sel de la terre, l'épice qui confère au monde une nouvelle saveur. Et nous serons la lumière du monde. De la lumière se dégagera de nous, en direction des hommes.

Quand je suis assis au sommet d'une montagne et que je médite les Béatitudes, je réalise d'une nouvelle manière ce que Jésus nous promet là : que, dans toutes les situations de la vie, il existe un chemin vers le bonheur, vers une existence réussie. Je lis à haute voix ses paroles et les laisse fondre lentement sur ma langue…

« Heureux ceux qui ont une âme de pauvre, car le Royaume des Cieux est à eux. »
(Évangile selon saint Matthieu 5, 3)

Je sens en moi une paix profonde et une grande liberté, quand je ne m'accroche pas aux choses, quand je suis libre intérieurement de tout attachement à l'argent et aux biens.

« Heureux ceux qui ont une âme de pauvre, car le Royaume des Cieux est à eux. »
(Évangile selon saint Matthieu 5, 3)

« Heureux les affligés, car ils seront consolés. »
(Évangile selon saint Matthieu 5, 5)

Quand je médite sur la montagne et que je regarde le paysage, je deviens tout seul doux avec moi-même et avec les autres. Montent alors en moi la bonté et la clémence envers tout ce qui est.

« *Heureux les cœurs purs, car ils verront Dieu.* »
(Évangile selon saint Matthieu 5, 8)

Au sommet, mon cœur devient clair, affranchi de toute intention parasite. J'apprends que je peux regarder Dieu avec un cœur pur, qui ne veut pas tout avoir pour lui. Dans la beauté de la création, je regarde Dieu qui est l'origine de toute beauté. La beauté que je regarde tout autour de moi est l'empreinte que Dieu a gravée dans ce monde.

Quand je lis lentement et à haute voix les huit béatitudes et que j'y réfléchis, la sagesse que contiennent les paroles de Jésus se lève en moi. Une sagesse qui m'indique un moyen de faire en sorte que je puisse réussir ma vie, que je puisse faire un peu l'expérience du bonheur que Jésus nous promet sur ce chemin à huit marches.

Sur la montagne, les paroles de Jésus résonnent d'une manière nouvelle, dont je commence à saisir la signification. J'entre alors en contact avec mon véritable moi. Et je suis transfiguré quand je repars pour la vallée. Grâce aux paroles de Jésus, je suis entré en contact avec la sagesse de ma propre âme. Et je compte sur le fait que cette sagesse de mon âme m'accompagne désormais aussi dans les profondeurs du quotidien et m'offre la confiance dans le fait que ma vie aussi sera réussie.

« *Heureux les cœurs purs, car ils verront Dieu.* »
(Évangile selon saint Matthieu 5, 8)

LA MONTAGNE DE LA TENTATION

Toutes les expériences de valeur que fait un homme peuvent aussi être faussées. Le plus précieux peut être déprécié ou tourné en son contraire. Il en va ainsi de l'expérience de sommet. Le risque existe que cette expérience me donne l'impression d'être supérieur aux autres hommes ou que je frime avec mes expériences de sommet. C'est pourquoi la Bible n'évoque pas seulement la montagne de la transfiguration ou des béatitudes, mais aussi la montagne de la tentation.

Quand Jésus jeûna durant quarante jours dans le désert, « *le diable le [prit] avec lui sur une très haute montagne.* » (Évangile selon saint Matthieu 4, 8) Depuis cette haute montagne, le diable montre à Jésus tous les royaumes du monde et les lui propose : « *Tout cela, je te le donnerai, si, te prosternant, tu me rends hommage.* » (Évangile selon saint Matthieu 4, 9) C'est la tentation du pouvoir, que nous avons peut-être nous-mêmes déjà éprouvée sur la montagne – la tentation de dépasser ses propres forces et de se laisser guider par la fascination envers ses propres capacités et son propre pouvoir. Certains randonneurs sont déjà tombés car ils ont succombé à la tentation et se sont surestimés. Ils pensaient pouvoir atteindre tout ce qu'ils entreprenaient.

Le psychologue Manfred Ruoß a démontré que les succès des alpinistes de l'extrême cachent souvent un manque d'estime de soi, qu'ils veulent compenser par des performances toujours plus grandes. Mais ils perdent un jour ou l'autre le sens de la mesure et échouent à cause de leur propre ambition. Certains perdent également leurs amis et partenaires, car ils sont obnubilés par eux-mêmes et par leur propre pouvoir. Le diable veut conduire Jésus à cette tentation de pouvoir. Et *in fine* à l'isolement.

Beaucoup d'hommes aujourd'hui succombent à cette tentation. Leur succès professionnel leur a permis d'atteindre une certaine position de force. Ils éprouvent désormais une fascination pour le pouvoir. Ils rabaissent autrui pour savourer leur propre grandeur. Ou bien ils éprouvent la tentation d'en avoir toujours plus. Ils n'en ont jamais assez : argent, richesses, pouvoir et influence.

Mais cette tentation présente encore des risques supplémentaires, comme celui d'exercer un pouvoir en écrasant les autres aussi dans le quotidien – en famille, dans son couple ou dans son cercle d'amis. Quand, par exemple, je menace l'autre

> Quand je me gonfle de la sorte en mon for intérieur, je deviens aveugle aux autres et ne vois plus que mes propres besoins de pouvoir, de reconnaissance et d'admiration, mon besoin d'être spécial.

de le priver de mon affection, j'exerce du pouvoir. Ou bien je lui inspire de la peur en apparaissant rempli d'estime de soi et en l'écrasant.

Il arrive en revanche que d'autres donnent à leur partenaire une mauvaise conscience – une forme subtile d'exercice du pouvoir. Car personne ne peut vraiment s'y dérober. Nul n'est exempt de toute faute. Celui qui nous persuade de notre culpabilité peut exercer un certain pouvoir sur nous.

C'est aussi le cas quand on ridiculise autrui. Il ne peut que difficilement se défendre, surtout si l'on prétend que c'était juste pour rigoler, qu'il ne fallait pas s'énerver de la sorte.

Une autre forme de pouvoir se manifeste dans la manie de blesser en permanence autrui. La conséquence en est que celui qui a été blessé a peur de celui qui l'a offensé. Certaines personnes qui heurtent en permanence les autres savourent cette sorte de pouvoir. Pour ne pas être encore meurtris, les blessés s'adapteront au puissant et s'y soumettront. Mais celui qui agit ainsi ne peut pas vraiment devenir heureux. Il finit par s'isoler et devient inapte à toute amitié et à tout amour.

Il existe encore une autre tentation qui se rapporte à l'expérience de sommet : celle d'enthousiasmer les autres, de les entraîner dans des excursions en montagne qui excèdent leur force. De telles personnes font commerce de leur talent, sans la moindre intuition de ce dont les autres ont réellement besoin, allant, dans le pire des cas, jusqu'à les mettre en danger.

L'un des plus grands dangers de la tentation du pouvoir réside dans ce que je me montre supérieur aux autres. Je pense pouvoir plus qu'eux et je regarde, depuis le sommet de ma réussite, ceux qui errent en bas sans succès. Ce point vaut aussi pour les « réussites » au cours de l'évolution spirituelle. Je m'imagine alors que je suis arrivé plus loin sur mon chemin spirituel que les autres, qui ne satisfont que leurs besoins primaires.

Quand je me gonfle de la sorte en mon for intérieur, je deviens aveugle aux autres et ne vois plus que mes propres besoins de pouvoir, de reconnaissance et d'admiration, mon besoin d'être spécial. Beaucoup se servent de l'assaut du sommet pour fuir leur quotidien et se réfugier dans le grandiose. Mais une telle attitude conduit souvent ces personnes à s'isoler et à faire un jour ou l'autre l'expérience douloureuse de leur humaine condition. ■

4

De retour dans la vallée

DESCENDRE

Une fois que nous avons pris le temps de savourer la vue depuis le sommet et de nous féliciter mutuellement d'avoir réussi à le gravir, nous devons, à un moment ou à un autre, penser à redescendre. Quand j'étais jeune, cette question ne me posait aucun problème. Nous sautions simplement vers le bas par-dessus les rochers à travers champs et avions besoin, pour descendre, de la moitié du temps que nous avions mis à monter. Nous étions fiers de dépasser tous les autres randonneurs. La descente ne nous demandait aucun effort, nous courions, tout simplement.

C'est très différent aujourd'hui. Nos genoux ne tiennent plus aussi bien le coup. C'est bien de descendre lentement et de nous appuyer par exemple sur des cannes, qui nous aident à les soulager. Personnellement, je trouve encore maintenant la descente plus simple que la montée. Et une part de l'insouciance de ma jeunesse se manifeste à nouveau, quand je l'entame. Mais certains membres de notre groupe la trouvent pénible. Ils doivent faire encore plus attention qu'à la montée, car on peut facilement se fouler une cheville et se blesser. Quoi qu'il en soit, la descente exige de la patience. On sent aussi peu à peu ses pieds, qui se fatiguent et deviennent douloureux.

La descente n'est pas forcément plus facile que la montée. Aller dans la vallée est pénible. Ce moment est pesant, la vue devient plus étroite. Ce point vaut aussi pour la descente du sommet d'une réussite. De nombreuses personnes ont du mal à imaginer qu'elles ne peuvent plus continuer à monter, mais qu'elles doivent commencer à descendre : quitter les feux de la rampe pour retrouver la vallée de la médiocrité et de l'insignifiance. Certaines pensent pouvoir emporter leur succès en bas. Mais dans la vallée tous les hommes se ressemblent, on ne peut pas identifier qui était au sommet et qui ne l'était pas. Redevenir un homme parmi tant d'autres, sans plus occuper de position dominante, s'avère en réalité pour certains bien plus pénible que le chemin ardu vers le succès.

Si nos pieds nous font mal, nous les rafraîchissons quand nous trouvons un ruisseau ou bien une source : nous retirons nos chaussures et nos chaussettes, nous nous mettons debout dans la rivière froide et nous laissons l'eau baigner nos pieds. L'eau est parfois glacée. Mais le rafraîchissement est agréable. Quand nous reprenons la route après ce bain de pieds, le chemin nous semble bien plus facile. Nous nous sentons tout revigorés et avons une force nouvelle en nous. Dans notre quotidien également, quand nous descendons du sommet de la réussite, il est indiqué de faire des pauses pour nous arrêter et nous rafraîchir. Il est bon d'arriver rafraîchi et transfiguré dans la vallée. Sinon on ne se sent pas à l'aise, ici, parmi les autres hommes. Car ces derniers ne veulent pas entendre parler de nos exploits, ils veulent nous connaître en tant qu'homme parmi les hommes.

La descente n'est pas toujours simple quand on se dirige tout droit vers la vallée. Nous empruntons souvent un autre sentier que celui de la montée, nous choisissons alors volontairement une autre route, peut-être moins raide mais plus longue.

Il arrive aussi que la descente ait un but, comme quand nous sommes partis de Birnlücke en direction de la vallée d'Ahrntal. Avant d'arriver au parking de départ des randonnées, nous voulions absolument visiter l'église du Saint-Esprit. Il s'agit d'une vénérable église gothique, sacrée en 1455 par le cardinal Nicolas de Cues. On découvre dans cette église l'histoire de la vallée d'Ahrntal. Les fresques donnent à lire ce qui a mû les hommes autrefois : l'église nous initie à l'esprit du sage cardinal Nicolas de Cues, qui a apaisé les tensions qui régnaient alors entre les sciences naturelles et la foi. Il parlait de Dieu comme de la conciliation de tous les contraires. Ici, dans cette église simple au fond de la vallée d'Ahrntal, les contraires frappaient tout particulièrement, entre des montagnes imposantes et une église offrant un sentiment de sécurité. Une expérience que je me rappelle volontiers.

Il est bon de se donner des objectifs aussi pour le trajet du retour. La descente depuis le sommet de la réussite suppose également un but, un objectif intérieur. Il peut s'agir de la terre natale intérieure que nous laisse entrevoir l'église de la vallée d'Ahrntal. Il peut être la joie à la perspective du calme qui nous attend dans la vallée, ou du repas commun que nous prendrons là-bas tout en discutant de nos expériences.

Mais la descente ne doit pas seulement être surmontée extérieurement. Elle symbolise notre vie. Nous ne pouvons pas en permanence monter. Nous vivons par exemple la retraite comme une descente, tout comme le vieillissement. Avec l'âge, nous devons nous réconcilier avec l'idée que les sommets que nous pouvons gravir ne sont plus si hauts, que les chemins que nous pouvons parcourir raccourcissent. Si nous y parvenons, les chemins plats eux aussi nous paraîtrons beaux et nous nous y avancerons merveilleusement.

Un jour ou l'autre, tous les chemins que nous empruntons se terminent dans une dernière descente – jusqu'à la mort, qui

sera en même temps, pour nous chrétiens, la montée définitive vers le sommet de la vie et de la joie.

Ce n'est pas seulement à la fin de notre vie, mais aussi au beau milieu, que nous attendent en permanence de nouvelles descentes. Nous devons éprouver de la reconnaissance quand nous avons gravi un sommet. Mais nous ne pouvons pas seulement monter. Nous devons nous réconcilier avec l'idée que certains chemins mènent dans la vallée, dans la grisaille de tous les jours. Nous en faisons par exemple l'expérience après avoir célébré une belle fête. De telles journées – comme l'anniversaire d'une dizaine – nous donnent le sentiment d'être au sommet. Nous regardons notre vie avec gratitude. Mais peu à peu les invités nous quittent et nous nous retrouvons seuls. Nous sentons alors que nous ne pourrons pas toujours vivre sur les acquis de cet anniversaire. Nous avons parfois du mal à l'accepter. Après une expérience de sommet, nous ressentons plus nettement qu'avant le poids et la monotonie du quotidien. Personne n'est plus là pour nous admirer, nous ne sommes plus au centre. Il s'agit désormais de redescendre dans la vallée du quotidien et d'en supporter patiemment le brouillard.

Le brouillard du quotidien nous laisse souvent à peine distinguer le chemin que nous voulons emprunter. Pendant une longue période, nous ne voyons pour ainsi dire plus le soleil. La vie devient sinistre. Nous sommes incertains. Le brouillard devient parfois si dense qu'il nous retient à la maison. Il se peut que nous n'avancions plus en notre for intérieur. Mais cela fait partie de la vie de supporter de telles périodes et d'espérer que le soleil le chasse pour que nous puissions à nouveau distinguer où le chemin veut nous mener.

Nous avons parfois l'impression que nous ne cessons de descendre. Nous avons franchi l'apogée de notre existence. Professionnellement, plus rien ne monte. L'entreprise subit une restructuration. Toutes les chances de remonter sont soudain barrées. Nous devons maintenant trouver nos repères dans la vallée, même si nous avons perdu toute motivation.

Peut-être devons-nous affronter des maladies. Ou bien notre couple, notre famille ont-ils éclaté. Et nous éprouvons personnellement l'impression que notre ancienne vivacité, notre envie de développer de nouvelles idées, d'organiser et de former notre vie se sont envolées. Dans cette perspective, c'est la chute libre. Il n'est pas simple d'emprunter consciemment ce chemin vers le bas. Il ne devrait pas être celui de la résignation. Cela nous ferait du mal. Mais nous ne devrions pas nous mentir à nous-mêmes, nous imaginer pouvoir tout de suite changer la situation. Nous devrions plutôt nous réconcilier avec l'idée d'aller dans la vallée.

Celle-ci a, elle aussi, son charme. Je découvre les profondeurs de mon âme, les abîmes qui s'ouvrent quand j'arrive en bas. Le fond de la vallée représente le fond de mon âme. Les mystiques nous disent que Dieu habite au fond de mon âme. Et là, je fais l'expérience d'un espace d'amour et de douceur, dans lequel je me sens chez moi – même si cela ne se voit souvent pas au premier regard. Cela dépend de la perspective dans laquelle je suis à cette période, du point de vue que j'adopte.

La vallée peut aussi devenir l'endroit du calme et de l'oisiveté. Je m'assois, tout simplement, et m'interroge sur le sens de ma vie. Et je peux espérer découvrir un nouveau sens, dire oui à la vie telle qu'elle s'offre alors à moi. Dans la vallée aussi il fait bon vivre.

Le fond de la vallée représente le fond de mon âme. Les mystiques nous disent que Dieu habite au fond de mon âme.

FAIRE DEMI-TOUR

Il est normal, à un moment ou à un autre, de descendre de la montagne. Il existe des situations dans lesquelles nous n'atteignons pas le sommet. Par exemple dans les cas où le temps tourne soudain, en cours de route, et qu'il commence à pleuvoir violemment. Une tempête peut même approcher, des éclairs zébrer le ciel et un violent vent contraire nous empêcher d'avancer. Ou bien un randonneur ne se sent pas bien, qu'il souffre d'un problème aux genoux ou qu'il n'arrive plus à marcher. Admettre que continuer n'aurait aucun sens nous semble souvent difficile. Mais il est plus sage dans de tels moments de faire demi-tour et de ne pas se surmener. Il ne faut pas seulement du bon sens, il faut aussi du courage pour l'admettre : aujourd'hui, je n'arrive pas à suivre ce chemin jusqu'au sommet. Aujourd'hui, je reconnais mes limites et les accepte.

Il existe bien d'autres raisons encore de faire demi-tour : en 1962, quand nous marchions dans la vallée d'Ahrntal, nous nous sommes mis en route à quatre heures du matin pour gravir la Rötspitze[14]. Nous avons pris la route le ventre vide, pensant petit-déjeuner au refuge situé juste au pied du sommet, avant de grimper les derniers mètres. Notre déception fut d'autant plus grande quand nous sommes arrivés sur place et que nous avons découvert le refuge fermé.

Dans les champs de neige, qui s'étendaient jusqu'au sommet, on ne voyait aucun chemin, aucune trace. Poursuivre notre chemin aurait été bien trop dangereux, d'autant que nous ne connaissions pas la région. Nous n'avions alors pas d'autre choix que dc faire demi-tour et de renoncer à notre projet de gravir cette haute montagne (3 495 mètres). Mais nous ne sommes pas descendus en étant résignés. Nous avons commencé par savourer les tartines que nous avions emportées. Puis un troupeau de moutons bêlant nous a suivis dans notre descente. Nous avons éprouvé du plaisir, malgré l'échec de notre projet. Lorsque nous sommes arrivés à notre tente, bien plus tôt que prévu, nous avons eu le plaisir de partager un bon repas.

Cinquante ans plus tard, nous avons gravi le Rötalm, d'où nous avons pu admirer la beauté de la Rötspitze. Nous ne nous lassions pas de regarder les vertes prairies, qui montent lentement au fond de la vallée, jusqu'à la Rötspitze, qui la domine de son sommet puissant.

Lors d'une autre randonnée, il nous est arrivé de manquer le chemin. Nous nous sommes à un moment rendu compte que nous étions allés dans la mauvaise direction. Nous nous éloignions toujours plus de notre objectif. Il nous fallut une fois encore du bon sens et du courage pour l'admettre : mieux valait faire demi-tour. Nous nous étions trompés de chemin. Nous n'avons pas fait attention et n'avons pas vu de poteau indicateur. Le détour auquel nous étions contraints était en fin de compte si grand que suivre notre projet originel n'avait aucun sens. Nous sommes donc plutôt descendus pour revenir à notre point de départ.

Certains ont du mal à admettre que faire demi-tour est préférable. À l'époque, nous avons simplement réinterprété notre demi-tour : le chemin que nous avons parcouru était aussi intéressant. Nous avons fait une expérience, même si ce n'était pas celle que nous avions prévue initialement. Nous avons essayé de raccourcir notre demi-tour, en suivant non pas le même sentier qu'à l'aller, mais en descendant par un chemin plus court. Nous avons alors été surpris par une nouvelle aventure, car le chemin avait soudain disparu. Le sentier se terminait par une pente. Nous avons dû traverser des broussailles denses et franchir un ruisseau, ce qui nécessita quelque habileté. Quand on est en route en groupe, on éprouve du plaisir même quand c'est fatigant. On peut alors réinterpréter de tels détours comme étant une nouvelle aventure.

Les détours permettent d'approfondir la connaissance du lieu.

Faire demi-tour constitue un sujet important dans notre vie. Nous avons peut-être étudié et exercé un travail. Mais nous sentons un jour ou l'autre que cela ne peut pas continuer ainsi. Il existe assez de raisons de se dire : j'ai investi tellement d'énergie dans mes études, je dois résister à la traversée du désert professionnel. De telles affirmations peuvent être tout à fait sensées, en particulier si j'espère au fond de moi-même que les choses prendront ensuite bonne tournure. Mais il existe aussi des situations dans lesquelles je dois m'avouer que ce chemin ne me mènera pas plus loin. Je vais en devenir malade. L'amertume et la déception grandissent en moi. Mieux vaut faire demi-tour. Bien entendu, je m'énerve contre le fait que le chemin actuel paraisse peine perdue. Mais est-ce vraiment le cas ? La plupart du temps non, car, en allant jusque-là, j'ai aussi appris quelque chose. J'ai vécu avec moi-même. Ou bien j'ai appris à connaître une région de moi jusqu'alors inconnue. Un proverbe dit : « Les détours permettent d'approfondir la connaissance du lieu. »

Le chemin n'était pas vraiment inutile. Simplement, à cet endroit, il ne mènera pas plus loin. En toute liberté et humilité, je peux décider de faire demi-tour et de m'avouer que j'ai mal évalué la situation ou que je me suis égaré, que j'ai manqué d'importants poteaux indicateurs.

Un jour, par exemple, avant d'entreprendre une excursion, un ami nous a avertis que ce que nous avions prévu n'était pas une bonne idée. Nous ne l'avons pas écouté et en sommes

restés à notre projet initial. Nous nous sommes entêtés, pensant que, de toute façon, le chemin nous ferait avancer et nous amènerait à notre but. En fin de compte, les choses se passèrent autrement...

Il arrive qu'une maladie devienne notre poteau indicateur. Elle peut nous signifier que notre mode de vie antérieur mène notre santé à une impasse, car nous présumons toujours de nos forces. Mais la plupart du temps, dans de tels moments, nous refusons de l'écouter. Nous pensons pouvoir combattre la maladie grâce à des médicaments, au lieu d'en déceler les causes.

Une belle histoire biblique traite de ce sujet : le grand devin Balaam ne veut pas prêter attention aux signes de Dieu, qui l'appelle à faire demi-tour. À trois reprises, un ange du Seigneur coupe la route du devin, qui monte une ânesse, pour l'inciter à faire demi-tour. À chaque fois, l'ânesse voit l'ange et s'arrête. Elle va même jusqu'à plaquer le devin contre les rochers, car elle cherche à éviter l'ange, dont elle a peur. Balaam, furieux, tape alors l'ânesse, qui se met à parler. Soudain, Balaam voit aussi l'ange qui se tient en travers de sa route. Et ce dernier lui adresse ces paroles : « *Pourquoi as-tu battu ainsi ton ânesse par trois fois ? C'est moi qui étais venu te barrer le passage ; car moi présent, la route n'aboutit pas.* » (Nombres 22, 32)

Saint François appelait son corps « Frère Âne », car il souffrait de maladies graves. Notre corps recourt à des douleurs ou des maladies pour nous montrer que le chemin que nous avons choisi est trop « abrupt », trop raide, trop difficile pour nous. Mais, tel Balaam, nous ne voulons pas l'écouter, nous le frappons et le poussons à continuer d'avancer, de fonctionner. Nous avons du mal à admettre que le chemin suivi se termine à un point précis – que nous devons faire demi-tour. Nous le voyons comme une défaite que nous refusons d'admettre. Pourtant, faire demi-tour n'est pas une défaite. Cela nous permet de trouver un autre chemin, qui nous mènera vraiment au but.

Bien entendu, faire demi-tour n'est pas facile. Mais les fois où nous y avons été contraints, lors de nos vacances de marche, car le temps ou bien nos propres forces se sont avérés défaillants, ou encore car nous avons manqué le chemin, nous avons le plus souvent pris la situation avec humour. Nous avons blagué au sujet de notre retraite ou de notre détour. Et nous sommes devenus tout joyeux. Le fait de ne pas avoir atteint notre objectif a perdu toute importance à nos yeux. Nous nous sommes d'autant plus réjouis de nous arrêter dans un café ou de partager un bon dîner. Cela fait aussi partie de l'art de vivre que d'être capable d'improviser, de changer des plans qui ont été contrariés en un choix sensé et de se réjouir des nouvelles possibilités qui résultent d'un retour précoce chez soi. Quand nous nous sommes attablés confortablement pour le dîner, nous ne voyons plus notre demi-tour comme une défaite, mais comme un chemin intéressant, qui nous a accordé de nouvelles expériences.

De nombreuses personnes ont du mal à réinterpréter de façon créative une fausse piste ou bien à la voir comme une invitation à de nouvelles expériences.

Comme beaucoup d'autres, j'ai appris au cours de ma vie qu'il n'existe en fin de compte pas de détours, mais seulement différents chemins orientés vers un objectif, même si ces chemins sont parfois tortueux. Quitte à devoir revenir un peu sur nos pas, autant le vivre comme un enrichissement. Notre perspective change et nous portons un autre regard sur le chemin et le paysage. Nous vivons une expérience que, sinon, nous n'aurions pas vécue. Faire demi-tour ne doit pas être synonyme de défaire, ce peut aussi être un nouveau départ.

Jésus a souvent donné au demi-tour ce sens de nouveau départ, dès ses premiers discours. Il dit : « *Le temps est accompli et le Royaume de Dieu est tout proche : repentez-vous et croyez à l'Évangile.* » (Évangile selon saint Marc 1, 15) Ce discours est bref. Mais ces quelques mots disent tout. La raison de faire demi-tour, de renoncer aux anciens chemins est que le Royaume de Dieu est proche.

En Jésus, Dieu s'est approché de nous. Poursuivre sur d'anciens chemins usés n'a désormais plus aucun sens. Nous devons faire demi-tour, oser emprunter un autre chemin, un chemin qui mène à Dieu, qui prend au sérieux la présence de Dieu. Le texte grec original emploie le mot *metanoeite*, dont le sens propre est le suivant : « Révise ton opinion, pense autrement. » Cela participe du demi-tour : nous ne faisons pas demi-tour seulement physiquement. Nous changeons aussi notre manière de penser, nous n'en restons pas simplement à nos anciennes idées. Nous nous arrêtons pour transfigurer notre pensée, de sorte à répondre à notre situation. Et pour Jésus cette situation est que le Royaume de Dieu est proche, qu'il est temps désormais de prendre un nouveau départ et d'orienter notre esprit vers Dieu.

Nous avons du mal à admettre que le chemin suivi se termine à un point précis – que nous devons faire demi-tour.

ATTEINDRE SES PROPRES LIMITES

Quand nous étions jeunes, nous connaissions à peine nos limites. Nous avons osé grimper chaque montagne. Des limites nous étaient assez souvent imposées par notre équipement défectueux. Sans corde, sans piolet et sans crampons, nous ne pouvions par exemple pas escalader de très hauts glaciers, ni venir à bout de certaines crêtes rocheuses. Dans l'année précédant mon ordination, nous eûmes l'idée de nous rendre à vélo à Zermatt dans le canton du Valais pour gravir le Cervin[15].

Nous avions placé la barre très haut. Nous aurions dû parcourir plus de deux cents kilomètres par jour à vélo pour arriver à temps et pour être de retour en temps voulu. Le premier jour, nous nous sommes mis en route à quatre heures du matin. Mais il pleuvait et nous devions affronter un violent vent contraire. Après la première halte, notre envie s'était envolée. L'un de nous dit que, d'après le bulletin météorologique, il continuerait à pleuvoir les jours à venir. Nous avons compris que, en planifiant notre excursion, nous avions voulu trop en faire. Nous avons fait demi-tour. Ma mère fut surprise en nous voyant réapparaître à vélo dès neuf heures du matin. Après-coup, nous nous sommes souvent dit : nous avons eu raison de faire demi-tour. Nous nous étions surestimés et n'avions pas tenu compte de nos limites. Dieu nous a gardés de notre témérité. Sinon, qui sait ce qui serait advenu.

Plus je vieillis, plus mes propres limites deviennent claires à mes yeux. Je n'ai plus l'ambition de venir à bout de plus de mille mètres de dénivelé en une journée. Je n'ai plus la condition physique pour y parvenir. Il est important d'évaluer avec réalisme ses propres limites et ses propres possibilités et de planifier ses excursions en conséquence. Mes frères et sœurs partagent le même ressenti. Avec le temps, nous avons dû dire adieu à une part importante de notre ambition. Bien que nous prévoyions nos excursions de telle sorte que nous nous croyions capables de suivre le chemin prévu, il existe toujours des situations qui nous rappellent douloureusement nos propres limites.

Il nous est arrivé d'entamer une grande excursion dans les Alpes de Schladming. Mais le jour en question, je n'étais pas très en forme. Lors du pique-nique, je n'avais pas faim. Je n'arrivais tout bonnement pas à avaler mon pain. Tandis que mon frère et ma sœur gravissaient le sommet, ma

belle-sœur et moi avons attendu légèrement en contrebas. Puis nous sommes redescendus ensemble. Mais ce n'était pas une descente habituelle. Elle nécessitait beaucoup de force, car nous devions sans cesse sauter par-dessus les rochers. Nous avons fait une courte pause avant que le chemin ne remonte un peu. Lors de notre halte, j'ai vomi, perdant le peu de forces qu'il me restait.

En réalité, nous n'avions plus qu'une courte distance escarpée à parcourir. Péniblement, je me suis hissé, pas à pas, vers le haut. Je n'arrivais simplement plus, je vacillais en marchant et j'avais très soif. Mais ma gourde était vide.

Mes frères et sœurs avaient peur que ma faiblesse laisse augurer bien pire, qu'elle laisse présager une maladie. Mais quand le chemin redevint plat, mon état s'améliora. Lors du dîner, j'avais même retrouvé l'appétit. Le jour suivant, je pouvais marcher tout à fait normalement, comme si de rien était. Je ne me l'expliquais pas moi-même.

Il existe simplement des situations dans lesquelles on n'a pas la force dont on dispose d'habitude. Cette expérience a bien sûr représenté pour moi un avertissement m'incitant à ne pas présumer de mes forces. Elle ne m'a pas rendu craintif, mais m'a appris à mieux m'écouter, à m'avouer plus tôt que je n'y arrive plus et, quand c'est le cas, à en tirer les conséquences.

Chacun connaît de telles situations, qui lui montrent ses limites. En entreprise, par exemple, on me propose un poste tout à fait alléchant. Mais quand je me regarde avec sincérité, je me rends compte que ce poste est au-dessus de mes forces. Je devrais toujours travailler à la limite de mes possibilités. Et j'aurais peur de ne pas satisfaire les attentes des autres ni les miennes.

Je ne dois bien entendu pas, par principe, rejeter tout défi, juste par peur. Il existe un seuil de peur, que je peux dépasser. De nouvelles perspectives s'ouvrent à moi, qui me donnent envie de poursuivre ce chemin. S'ouvrent peut-être davantage de possibilités de construire quelque chose, d'enrichir l'entreprise grâce à mes idées ou d'avoir une utilité pour la société dans son ensemble. Mais il existe aussi une peur qui me montre : voici mes limites. Si je les dépasse, j'en demande trop à moi-même et à ma famille. Je ne rends service ni à moi-même ni aux autres.

M'imaginer en train d'accepter le poste pourrait m'aider. Quels sentiments et quelles images émergent alors en moi ? Si, après le premier blocage, j'ai le sentiment que les craintes s'éloignent, qu'une nouvelle envie grandit en moi, alors je peux oser relever le défi. Mais si ma gorge se noue, si j'ai le sentiment de me surcharger, je dois avoir l'humilité et l'honnêteté d'admettre que je ne peux pas accepter cette offre apparemment séduisante.

Il arrive aussi que, dans notre vie, nous atteignions nos limites dans d'autres situations. Au cours de nombreux entretiens, des hommes et des femmes m'ont parlé de leur situation conjugale. Mon premier conseil est toujours de poursuivre sur le chemin du mariage en adoptant un autre état d'esprit et de se donner mutuellement une nouvelle chance. Un conflit surmonté ensemble peut faire grandir et la relation peut à nouveau fonctionner. Si l'un des conjoints tombe malade, à force d'être dévalué et blessé en permanence, si toute force l'abandonne, il convient alors d'admettre ses limites. Je peux peut-être m'accorder un temps mort pour recouvrer des forces intérieures. Un nouveau départ devient possible. Ou bien la conséquence nécessaire est la séparation. L'on ne doit bien entendu pas prendre cette décision à la légère. Mais l'on a besoin également d'humilité pour reconnaître que cela ne peut tout simplement pas continuer ainsi. Si les deux conjoints se l'avouent sans s'adresser des reproches réciproques, après la rupture, une cohabitation meilleure et plus correcte est possible, à condition qu'il existe un regret sincère de voir un rêve de toujours brisé. On avait placé tous ses espoirs dans le chemin commun du mariage. Cet espoir est désormais brisé. C'est douloureux. Et on ne peut pas esquiver cette peine. Sinon, on répéterait les erreurs du passé.

De nombreux hommes, qui s'investissent pour les autres, font aussi de telles expériences, que ce soit dans leur famille, au niveau professionnel ou au sein d'une paroisse. Certains bénévoles s'investissent de manière fantastique pour les autres et pour la communauté. Mais il leur arrive d'oublier leurs limites. De nombreuses personnes prennent soin de leurs parents avec amour. Mais certaines ne prêtent pas attention au fait que leurs forces ne sont pas infinies. Je me souviens d'une femme, qui soignait à la fois sa mère et son père. Elle s'est investie pour eux de toutes ses forces. Mais il arriva un jour où elle perdit toute son énergie. Elle se sentait devenir de plus en plus nerveuse, elle percevait que l'amertume grandissait en elle.

Il est bon de prendre ses sentiments au sérieux. Là encore je peux me demander si je suis

Il est bon de prendre ses sentiments au sérieux.

capable de vaincre mes sentiments en changeant d'état d'esprit au regard d'une situation ou si ces sentiments m'indiquent ici une limite précise : si je continue, je me nuirai à moi-même et je nuirai aux hommes pour lesquels je m'investis. Car si les autres sentent mes agressions, mon investissement ne leur sera d'aucune aide. Ils se sentiront plutôt accusés.

Les hommes en particulier ont du mal à accepter leurs propres limites. Au travail, ils ont l'ambition de communiquer à leurs collègues et à leur chef l'idée selon laquelle ils sont résistants à l'infini. S'ils atteignent néanmoins leurs limites, ils se dopent au café ou par d'autres moyens leur permettant de rester performants. Mais le non-respect de ses propres limites met facilement hors-jeu, voire conduit à la catastrophe.

D'autres hommes ont du mal à se démarquer des attentes et des exigences, qu'il s'agisse des leurs ou de celles de leur employeur, de leur famille, de leur cercle d'amis ou de leur paroisse. Ce n'est pas sans rapport avec le fait que je doive, à un moment ou à un autre, m'avouer que je vieillis, que je n'ai plus la force dont je disposais encore vingt ans plus tôt. Mais c'est seulement une fois que j'aurai admis mes limites, y compris devant autrui, que mon chemin continuera correctement. Dans la vieillesse également, je représenterai alors une source de bénédiction pour autrui, moins par mes performances que par mon être profond.

FUIR DEVANT SOI-MÊME

Il est bon, encore et encore, de partir en randonnée, à plusieurs ou bien seul. La marche exerce une action sur moi, elle est salutaire pour le corps et l'esprit. Il existe néanmoins des hommes qui voient la marche plus comme une compétition que comme une sorte de preuve de leur aptitude propre et de leur courage – ou comme une possibilité de fuir devant soi-même et ses propres problèmes. Ils considèrent la marche comme un prétexte pour s'évader le temps d'un week-end de leur quotidien, de leur relation, et choisissent n'importe quel tour, juste pour ne pas devoir être chez eux. Je connais des maris qui partent chaque week-end en montagne avec d'anciens camarades, laissant leur famille seule. Ils pensent devoir se prouver à eux-mêmes et prouver à leurs amis qu'ils sont tout aussi en forme qu'avant. Au lieu de faire face aux conflits qui se trament dans leur foyer, ils s'enthousiasment pour les montagnes. La marche et la varappe leur font du bien, disent-ils. Ils prétendent en avoir impérativement besoin pour être en mesure de venir à bout de leur rude semaine de travail.

Aussi important que ce soit, nous évader de notre quotidien risque de devenir une fuite, en particulier si nous reléguons au second plan la responsabilité que nous avons envers notre famille. Je me défile. C'est bien d'avoir un cercle d'amis avec lesquels nous pouvons entreprendre des ascensions et avoir des échanges. Mais si notre cercle d'amis devient plus important que notre famille ou que notre responsabilité vis-à-vis d'une relation, alors quelque chose cloche. La marche devient une fuite devant le quotidien. Je ne reviendrai pas plus serein, je ne plongerai plus vraiment dans le quotidien.

Ce sont souvent les hommes qui s'évadent chaque week-end de leur famille. Il serait important que les pères soient plus fortement présents pour leurs enfants et qu'ils partagent avec eux des activités. Les enfants ont besoin d'un père qui les épaule et leur consacre du temps. Ces hommes s'enthousiasment peut-être trop pour la marche. Il faudra sûrement faire des compromis, car les excursions doivent être adaptées à la condition physique et à l'âge des enfants.

> **La marche exerce une action sur moi, elle est salutaire pour le corps et l'esprit.**

Certaines femmes, bien sûr, réfléchissent aussi de la sorte. Lors d'un entretien de conseil, un homme m'a raconté que son épouse s'était découvert une nouvelle passion pour la varappe. Ses performances sportives étant encore meilleures que les siennes, elle avait le sentiment de devoir, tous les week-ends, partir en montagne avec un groupe pour faire des ascensions. Le fait que son mari reste pendant ce temps chez lui, faute de pouvoir participer, ne l'intéressait pas le moins du monde. L'escalade la fascinait tellement qu'elle devait se prouver à elle-même et prouver à son cercle de grimpeurs ce dont elle était capable. Elle n'était plus attentive aux besoins de son mari. Elle était convaincue qu'il devait s'en réjouir pour elle. Une telle fascination peut nous aveugler sur nos propres besoins dans la vie. Un passe-temps qui devient une fuite cesse d'être salutaire, pour nous-mêmes tout comme pour ceux que nous fuyons. Il serait peut-être préférable, pour son évolution personnelle, de prendre le temps de faire une pause, de s'apaiser et d'aller au plus profond de soi : ma vie me convient-elle encore ainsi ? Suis-je vraiment en accord avec ce que me dit mon âme ?

Le fait que la marche représente pour moi une fuite du quotidien ou qu'elle soit une source de bénédiction pour ma famille et pour moi-même se voit à la manière dont je rentre chez moi. Si je reviens d'une randonnée en étant transfiguré et que je me recentre avec plaisir sur ma famille, ce n'était pas une fuite. À l'inverse, de nombreuses personnes rentrent chez elles et planifient directement leur prochaine excursion. Au lieu de se recentrer sur leur quotidien, leurs semblables, leur famille et d'être pleinement présentes, elles prennent la fuite en pensée, à peine arrivées. Il faut mettre un point au final au fait d'être en déplacement : je rentre à la maison, j'arrive chez moi et chez les autres. Je suis pleinement là pour eux, je m'intéresse à ce qu'ils ont vécu en mon absence. Et je partage avec eux ma vie, mes expériences.

Suis-je vraiment en accord avec ce que me dit mon âme ?

DES DANGERS SUR LA ROUTE

Il nous arriva d'être surpris sur la route par une pluie violente. Elle ne s'arrêtait plus. En un rien de temps, tous les chemins étaient inondés et nous avions l'impression que nous ne pourrions plus continuer, car nous menacions de déraper à chaque pas. Dieu merci, nous avons alors trouvé un chemin caillouteux. Mais là aussi, l'eau coulait à grands torrents. De plus, nous avions encore un large ruisseau à traverser, que nous avions franchi sans peine lors de la montée. Ce ruisseau s'était entre-temps transformé en un torrent déchaîné. Les pierres, qui avaient assuré nos pas à l'aller, avaient disparu dans les flots et nous avions peur de ne plus pouvoir franchir le ruisseau. C'est au prix de grands efforts que nous avons réussi à rejoindre l'autre côté.

Un chemin anodin peut vite devenir un terrain dangereux, nous l'avons appris ce jour-là, à nos dépens. Une autre fois, nous avons été surpris par un orage. Nous étions encore en plein champ, protégés par aucune forêt, et avions une crainte relativement grande d'être frappés par la foudre.

Quand nous étions jeunes, notre équipement laissait à désirer, nous avions simplement notre anorak et nos chaussures de marche. À l'époque, nous voulions escalader le Schwarzenstein[16]. Le brouillard était épais. Dans un champ de neige, j'ai soudain perdu l'équilibre, j'ai dérapé et disparu du champ de vision de mes frères et sœurs, qui, inquiets pour moi, se sont mis à crier. Mais leurs voix ne parvenaient pas jusqu'à moi, le brouillard nous séparait. Dieu merci, j'ai réussi à me cramponner à la pente dans la neige. Après avoir retrouvé un bon équilibre, j'ai remonté lentement le terrain glissant. Mes frères et sœurs étaient heureux de me voir enfin émerger du brouillard. Nous étions tous reconnaissants envers Dieu de m'avoir gardé d'un accident. Nous avons alors continué notre chemin prudemment et avons atteint le refuge du Schwarzenstein. Nous étions les seuls randonneurs en route ce jour-là. L'hôte nous déconseilla de grimper jusqu'au sommet, car le brouillard était si épais que, de toute façon, nous ne verrions rien de là-haut. Après avoir réussi à surmonter un premier danger, nous ne voulions plus courir de risques. Nous avons donc choisi de faire demi-tour et sommes redescendus dans la vallée, reconnaissants à l'égard de notre ange gardien, qui nous avait apporté son aide précieuse.

Des dangers nous guettent en chemin, en particulier en montagne – une chute de pierres, par exemple, que d'autres promeneurs ont pu libérer. Un homme m'a parlé de sa fille, une alpiniste chevronnée, qui partit avec un groupe auquel elle pouvait faire pleinement confiance. Cependant, la roche était devenue friable à un certain endroit. Et quand le premier de cordée voulut planter un piton, un morceau de roche se détacha et tua sa fille. Tout semblait pourtant si sécurisé : une excursion tout à fait normale, des alpinistes avertis, un groupe bien rodé. Et pourtant un danger mortel menaçait.

Les dangers qui nous guettent lors de nos randonnées nous rappellent que notre vie n'est pas exempte de dangers. Tous les jours, nous courons des risques sur la route : un conducteur qui nous grille la priorité, un autre qui doit freiner brusquement devant nous car un animal traverse la rue – ou bien quelqu'un qui roule bien trop vite et qui perd le contrôle de son véhicule.

Au moment de nous mettre en chemin, nous sommes au courant des dangers, mais ces derniers ne deviennent vraiment présents que si un événement inattendu se produit. Nous poussons un grand soupir de soulagement si rien ne s'est passé.

Les dangers qui nous guettent lors de nos randonnées nous rappellent que notre vie n'est pas exempte de dangers.

Dans le quotidien également, certaines situations anodines s'avèrent dangereuses : il est établi que la plupart des accidents mortels ont lieu dans la sphère domestique. Une femme me raconta son accident : elle dérapa et, en tombant, son visage heurta le bord d'une table. Elle se cassa plusieurs dents et mit longtemps avant que tout soit soigné et remis en ordre. Durant quelques semaines, elle ne put ingérer que de la nourriture liquide. La liste pourrait être longue. Des accidents se produisent également souvent sur le lieu de travail, quand un danger n'a pas bien été évalué.

Certains nous arrivent de l'extérieur, d'autres de l'intérieur de nous. Par exemple, le risque de perdre la maîtrise de nous-mêmes. Nous ne sommes plus à la hauteur des défis de notre quotidien. Notre âme réagit par une dépression, un burn-out. Nous n'avons pas vu le danger qui couve dans le fait d'être toujours plus nerveux, de dormir toujours moins. Nous nous retrouvons soudain embourbés dans une grande détresse. C'est pourquoi il importe de bien évaluer nos forces et d'entendre les signaux d'alarme intérieurs, qui tentent de nous dire : fais demi-tour, ce chemin n'est pas le bon pour toi.

ÊTRE EN ROUTE TOUT SEUL

Je ne vais plus jamais seul en montagne désormais. Le danger serait trop grand pour moi. Autrefois en revanche, j'ai souvent passé mes vacances tout seul sur le Winkelhof dans le massif du Steigerwald[17] et je subvenais alors à mes propres besoins. Je marchais seul pendant des heures. Là-bas, les chemins ne sont pas dangereux, je devais simplement veiller à ne pas me perdre. J'étais toujours équipé d'une carte de randonnée pour m'aider à m'orienter. Les portables n'existaient pas encore à cette époque. Aujourd'hui, dans le pire des cas, je pourrais appeler les secours. Mais cette idée ne m'effleurait même pas. Je me sentais en sécurité.

Être en route tout seul revêt un charme bien particulier. Je m'abandonne pleinement à la marche. Et je prends conscience du paysage, j'admire la beauté de la montagne. Le Steigerwald est avant tout

> Je m'abandonne pleinement à la marche. Et je prends conscience du paysage, j'admire la beauté de la montagne.

constitué de forêts de hêtres, dont les troncs lisses, qui tendent vers le ciel, m'évoquent une église gothique. Dans de tels moments, je suis plongé corps et âme dans mes perceptions sensorielles. J'entends le bruissement du vent dans les feuilles, le gazouillement des oiseaux, les rafales de coups de bec des piverts.

Mes promenades en solitaire me permettent de me plonger dans mes pensées. Je me demande combien de temps mon chemin (de vie) sera encore adapté, si je dois simplement poursuivre ma route ou si je dois changer certains éléments dans ma vie, établir d'autres priorités.

Je me demande quels desseins Dieu a pour moi. Où veut-il me conduire ? Où dois-je aller ? Mais je ne m'arrête pas à moi-même. Je réfléchis aussi à ce dont les hommes ont vraiment besoin aujourd'hui. Quelle est leur plus profonde aspiration ? Comment puis-je utiliser mes conférences et mes livres pour y répondre ? Que dit la foi chrétienne aux hommes d'aujourd'hui ?

Je réfléchis alors aussi au fait que Jésus lui-même était un grand marcheur. L'évangéliste Luc le représente même comme le marcheur divin. Jésus est toujours en chemin. Sur sa route, il rencontre des hommes qui veulent le suivre. Et en chemin, il s'arrête chez des amis pour se restaurer : chez Marthe et Marie, mais aussi chez des percepteurs et des pécheurs comme Zachée, le chef collecteur d'impôts.

Vient alors l'histoire des disciples d'Emmaüs (Évangile selon saint Luc 24, 13-29). Après le supplice de la croix, deux disciples font route ensemble vers le petit village du nom d'Emmaüs. Ils sont très tristes que Jésus soit mort. Leur marche constitue à ce moment une fuite devant les déceptions qu'ils ont endurées. C'est alors qu'un troisième homme se joint à eux : c'est Jésus en personne, mais ils ne le reconnaissent pas. Jésus les écoute. Il leur démontre ensuite, en s'appuyant sur de nombreux auteurs, que la déception au sujet de son destin est le fruit d'une erreur quant à sa mission et sa vocation. En réalité, le destin de Jésus est conforme aux Écritures, il accomplit de nombreux messages prophétiques de l'Ancien Testament. Jésus ouvre les yeux des disciples. Et ses paroles les réchauffent, de telle sorte qu'ils disent, rétrospectivement : « *Notre cœur n'était-il pas tout brûlant au-dedans de nous, quand il nous parlait en chemin, quand il nous expliquait les Écritures ?* » (Évangile selon saint Luc 24, 32)

Lors de mes promenades solitaires, j'imagine la manière dont Jésus me révèle le sens des Écritures et dont il m'explique les missions de mon existence. Il m'arrive aussi d'imaginer que j'avance avec des hommes en recherche à mes côtés : des hommes que j'ai un jour accompagnés et auxquels je ne pouvais pas donner de réponse satisfaisante, pour eux comme pour moi.

En me promenant, je me demande à quoi ces hommes ont réellement aspiré, quelles étaient leurs véritables questions. Et je me demande comment je pourrais leur répondre. En marchant, je peux penser d'une manière créative. Des pensées jaillissent souvent en moi, qui ne me viennent pas à l'esprit quand je suis assis à mon bureau.

Quand je marche en montagne avec mes frères et sœurs, j'ai souvent besoin, en chemin, de moments au cours desquels je marche seul et en silence. Je sens les pas de mes frères et sœurs à mes côtés. Mais je n'éprouve pas le besoin de parler. De nouvelles réflexions m'envahissent souvent. Je ne perçois pas seulement le paysage avec une plus grande intensité. Je ressens aussi en mon for intérieur, toujours et encore : mon chemin est-il le bon ? Que veut Dieu de moi ? Ma marche en elle-même est une quête du chemin juste, qui me conduit aujourd'hui à Dieu et aux hommes. Une quête d'un chemin qui mène à la vitalité, à la liberté, à la paix et à l'amour.

Nous devons suivre de nombreux chemins en solitaire. Nos amis et notre famille nous portent. Nous devons néanmoins souvent prendre les décisions importantes tout seuls. La solitude existe même au sein de la communauté. Et c'est seulement si je peux bien la supporter qu'ensuite je me réjouis à nouveau de l'« être ensemble ». Nous ne sommes pas « collés » les uns aux autres, mais nous nous rencontrons en tant que personnalités autonomes.

Il existe de nombreux chemins que je dois parcourir en solitaire, pour réfléchir seul devant Dieu à ce qui est bon pour moi et à ce qu'il veut me dire. Chacun doit parcourir seul le chemin ultime, qui nous mène aux portes de la mort. Nous désirons avec ardeur que les autres nous accompagnent dans la mort et qu'ils ne nous laissent pas seuls. Mais au moment de franchir les portes de la mort, nous laissons les autres derrière nous et pénétrons seuls dans l'inconnu, dont nous espérons qu'il est la lumière éternelle et l'amour, plus fort que la mort.

5

Quelques images bibliques

J'aimerais clore mes réflexions sur mes promenades par la méditation de quelques textes bibliques, qui se rapportent au thème du chemin et de la montagne. Ces textes s'inscrivent dans le prolongement des idées qui me sont venues à l'esprit en marchant. J'y vois une invitation à adopter un autre point de vue pour contempler le mystère du chemin et des montagnes, et à laisser la parole de Dieu nous dire ce à quoi le chemin et les montagnes veulent nous renvoyer.

Les messages bibliques peuvent compléter nos expériences propres. Mais ils peuvent aussi ouvrir les yeux d'un marcheur au mystère de la promenade, avant qu'il ne se mette en route.

« JE SUIS LE CHEMIN, LA VÉRITÉ ET LA VIE. »

Jésus dit, en parlant de lui-même : « *Je suis le Chemin, la Vérité et la Vie.* » (Évangile selon saint Jean 14, 6) Plusieurs interprétations de ces paroles sont possibles. Jésus s'identifie au chemin. En regardant Jésus, je reconnais mon chemin. Et je ne peux pas le regarder sans me mettre en mouvement. Car quelque chose bouge en moi. Jésus me pousse à suivre un chemin. Il est lui-même le Chemin.

En marchant, je peux toujours imaginer : Jésus lui-même est le chemin que j'ai à présent sous mes pieds. Ce chemin me conduit avec lui dans une vitalité, une liberté, un amour et une paix sans cesse grandissants. Suivre Jésus signifie pour moi continuer sans m'arrêter jusqu'à ce que je le trouve en moi – et en fin de compte que j'accède à moi-même –, au cœur de mon être. Sur ce chemin, je fais l'expérience de Jésus comme la Vie véritable. Ses paroles me rendent vivant. Jésus me fait participer à sa vie divine, qui ne fatigue pas, tout astreignante que soit la marche. Car c'est la vie de Dieu sans cesse renouvelée, qui coule en moi grâce à Jésus.

Jésus est la Vérité. Quand je le regarde, la vérité se fait jour en moi. La vérité, en grec, se dit *aletheia*, mot qui désigne en réalité la non-dissimulation. Le voile, qui est posé sur tout, est retiré et je vois à travers. Je regarde le tréfonds du monde. La vérité du monde se révèle à moi, et ma propre vérité également. Je ne peux pas regarder Jésus sans voir toutes les émotions et les passions qui surgissent en moi. Je tends cette vérité à Jésus et j'ai confiance dans le fait que la vérité – comme il l'a dit lui-même – me rendra libre (cf. Évangile selon saint Jean 8, 32).

On peut expliquer ces paroles de Jésus encore autrement : si je suis sur le chemin, je comprends aussi qui est Jésus. Dès lors que je suis en mouvement en mon for intérieur, je me rapproche de Jésus. En chemin, je m'ouvre au mystère de Jésus, car je peux comprendre son message d'une nouvelle manière. Tant que je suis en mouvement, je me déplace dans sa direction. Dès que je m'immobilise, si je me fige, je m'éloigne de Jésus. Et là où je suis vivant, là où la vie s'épanouit en moi, où

je m'investis avec passion pour une chose ou une personne, je comprends aussi qui est Jésus. Dans mon côté vivant, je rencontre Jésus, je suis une part de lui. Là où la vérité de ma vie, la liberté au sujet du monde se révèle à moi, je me rapproche de Jésus, je suis une part de lui.

L'image du chemin trouve un écho dans l'aspiration de l'homme à s'orienter dans le désordre de ce monde, à trouver du sens dans l'absurdité. Il s'agit de choisir le bon chemin parmi de nombreuses possibilités, qui se présentent à nous hier comme aujourd'hui. La question du bon chemin est la question du sens et du but de notre existence. Jésus répond à mes questions avec les mots « Je suis », lesquels sont typiques de l'Évangile selon saint Jean. Ils rappellent la révélation de Dieu à Moïse lors de l'épisode du buisson ardent (Exode 2, 23-4, 18). Sept occurrences de « Je suis » se retrouvent dans l'Évangile selon saint Jean.

Sept est le chiffre de la transfiguration. Dans les textes du Nouveau Testament, Jésus s'identifie à sept images archétypales : Il se décrit comme le véritable cep de vigne, comme l'eau vive, comme le pain qui descend du Ciel. Il est le bon berger et la porte vers la vie, la lumière du monde et le Chemin, la Vérité et la Vie. Ces images expriment notre aspiration à une existence humaine réussie. L'évangéliste Jean veut ainsi dire à ses lecteurs : Jésus comble notre aspiration à la sagesse, à la vie, à la vérité, à l'amour et au sens. Vous n'avez pas besoin de chercher ailleurs.

Quand je marche en silence, je me récite parfois la phrase de Jésus : « Je suis le Chemin, la Vérité et la Vie. » Je sens alors que je ne peux pas expliquer ces paroles de façon purement rationnelle. Toutes les tentatives d'interprétation exégétique se révèlent insuffisantes, elles ne touchent pas assez mon cœur. Mais si je marche consciemment avec ces paroles, je comprends en chemin ce qu'elles veulent me dire, je les sens pour ainsi dire dans mon corps. J'avance pas à pas dans le mystère de ces mots, ma vie devient un chemin, la vérité de ma vie et la vérité du monde se révèlent à moi, encore et encore. Je fais ici l'expérience de la vraie vie. En marchant, je me sens vivant. Et si je réfléchis à cette vie, que je sens en moi, je fais l'expérience, dans cette vitalité, de Jésus lui-même comme celui qui est en moi et qui m'accompagne sur mon chemin. Jésus me conduit dans le mystère de Dieu et dans le mystère de ma vie.

Je suis le Chemin, la Vérité et la Vie.

« JE LÈVE LES YEUX VERS LES MONTS. »

Lors de l'office du milieu du jour, chez les bénédictins, nous chantons dans le monastère les Psaumes du pèlerin, qui figurent dans le psautier (Psaumes 120 à 134). Que je me promène en montagne, l'un ou l'autre vers me vient parfois à l'esprit. Le psaume 121, en particulier, décrit mon expérience de route, quand je ne cesse de lever les yeux vers le sommet devant moi.

Je lève les yeux vers les monts :
d'où viendra mon secours ?
Le secours me vient de Yahvé
qui a fait le Ciel et la Terre.

Qu'il ne laisse broncher ton pied !
qu'il ne dorme, ton gardien !
Vois, il ne dort ni ne sommeille,
le gardien d'Israël.

Yahvé est ton gardien, ton ombrage,
Yahvé, à ta droite.
De jour, le soleil ne te frappe,
ni la lune en la nuit.

Yahvé te garde de tout mal,
il garde ton âme.
Yahvé te garde au départ, au retour,
dès lors et à jamais.

Nous le chantons aussi en guise de bénédiction pour un long voyage, quand un frère s'envole en Afrique ou en Corée vers sa terre de mission ou quand un autre entreprend un très long voyage.

Ce psaume est approprié à mes promenades en montagne, plus qu'aucun autre. Je ne lève pas seulement les yeux vers les montagnes pour admirer la beauté des environs, mais je lève les yeux vers Dieu. L'aide me vient d'en haut, c'est pour moi une profonde expérience.

Les Grecs ont toujours utilisé le mot *anablepein* (lever les yeux) au sens d'un regard spirituel. Je lève les yeux vers le ciel, vers Dieu, qui m'envoie son aide. L'évangéliste Luc emploie aussi ce mot dans l'histoire de Zachée (Évangile selon saint Luc 19, 1-10). Jésus lève les yeux vers Zachée, qui avait grimpé sur un sycomore pour l'observer d'en haut. Jésus, le fils de Dieu, regarde le pécheur. Il voit le ciel en celui que les pieux pharisiens ont traité de pécheur.

Ainsi mes yeux levés vers les montagnes seront-ils aussi amenés à changer le regard que je porte sur les hommes. Je dois aussi regarder les hommes et voir le ciel en eux. Ma vision en sort élargie. L'autre, que je rencontre d'une telle manière, m'apparaît sous une nouvelle lumière.

Ce psaume parle enfin de la protection que Dieu nous accorde en chemin. Il ne laisse pas nos pieds vaciller. Nous ne nous tordons pas le pied, si nous marchons dans la confiance en Dieu. De surcroît, Dieu est l'ombre qui nous couvre et nous protège des rayons du soleil bien trop brûlants. Il est dit ici de Dieu qu'il veille sur mes allées et venues. Il protège tous mes pas. Cela me libère de la peur anxieuse de ne pas arriver au bout du chemin. Dieu marche à mes côtés. Il veille sur moi et sur tous les chemins que j'emprunte.

Un autre psaume du pèlerin rapporte directement « les yeux levés » à Dieu. Le psaume 123 commence ainsi :

Vers toi j'ai les yeux levés,
qui te tiens au Ciel ;
les voici comme les yeux des serviteurs
vers la main de leur maître.

En dirigeant nos yeux vers le haut pour regarder la montagne qui se tient devant nous, nous levons toujours, en même temps, nos yeux vers Dieu. Ce regard est en lien avec l'espoir que Dieu soit miséricordieux à notre égard, qu'il nous entoure de son amour et de sa tendresse.

« EN CES JOURS-LÀ, [...] IL S'EN ALLA DANS LA MONTAGNE POUR PRIER. »

L'évangéliste Luc nous raconte que Jésus aimait gravir une montagne pour y prier. Il écrit : « *En ces jours-là, [...] il s'en alla dans la montagne pour prier.* » (Évangile selon saint Luc 6, 12) Jésus a de toute évidence besoin de se mettre à l'écart des hommes pour pouvoir, tout seul, mieux connaître Dieu sur la montagne. Il reste toute la nuit sur la montagne, pour être seul avec Lui. Il s'ouvre ainsi à Dieu d'une manière particulière. Mais ce n'est pas seulement une union mystique avec Lui. Cette prière nocturne sur la montagne fait bien plutôt mûrir en Jésus la lucidité lui permettant de savoir quels membres de son cercle très proche il veut prendre pour apôtres. Ainsi, le texte donne plus loin à lire : « *Lorsqu'il fit jour, il appela ses disciples et il en choisit douze, qu'il nomma apôtres.* » (Évangile selon saint Luc 6, 13)

La prière sur la montagne montre Jésus tel qu'il veut agir et vivre parmi les hommes. Il choisit douze apôtres. L'évangéliste Luc s'imagine que les disciples ont passé la nuit près de Jésus. Après la prière, il reconnaît qui convient dans son cercle très proche, et s'adresse aux individus en question : des hommes qui ont tous un caractère très différent et qui sont issus d'un autre milieu social.

Jésus redescend ensuite avec ses disciples dans la vallée. De nombreux hommes affluent dans la vaste plaine et Jésus entame son grand discours, que l'Évangile selon saint Luc restitue d'une manière proche du Sermon sur la montagne dans l'Évangile selon saint Matthieu. Cependant, l'évangéliste Luc parle du Discours dans la plaine, car ce dernier a lieu dans un champ ou dans la plaine.

On pourrait dire : Jésus redescend vers les hommes. Il s'adresse à eux directement, parle avec eux les yeux dans les yeux. L'ascension de la montagne et la prière au sommet l'ont transfiguré. Il voit désormais clairement quelle est sa mission : redescendre vers les hommes, être en route et converser avec eux. Il ne leur tient pas un sermon dans lequel il leur montrerait le chemin d'une vie réussie. Il s'adresse bien plutôt à eux à la deuxième personne. Il parle de « tu » et de « vous ». Chaque individu se sent interpellé : je pense à toi, personnellement. Quand je te regarde, quand je plonge en toi, je sens que telle ou telle chose te ferait du bien, que tu recèles de nombreuses possibilités. Et je voudrais éveiller en toi ces possibilités et ces capacités, afin que tu vives en adéquation avec ta véritable essence.

Le fait que Jésus descende vers les hommes et les interpelle personnellement symbolise aussi le retour de nos expériences, de nos réussites. Quand, une fois dans la vallée, nous ne faisons que raconter nos expériences de la montagne et frimer, nous nous présentons aux autres comme si nous leur étions supérieurs. Notre randonnée en montagne ne peut devenir une source de bénédiction pour nous-mêmes et pour les hommes que si, comme Jésus, nous redescendons et que nous tirons de notre expérience du chemin nos décisions pour notre vie, si nous nous centrons sur les personnes avec lesquelles nous vivons. Nous ne devons pas nous adresser à elles en les prenant de haut, mais nous devons discuter avec elles d'égal à égal, nous centrer sur leurs soucis et leur détresse, leur promettre l'assurance et la confiance dont nous avons nous-mêmes fait l'expérience sur la montagne, à la pointe de nos succès.

Quand Jésus monte sur la montagne pour prier, il se retire à l'écart des hommes, quitte le bruit de la vallée pour trouver un lieu calme. Il souhaite percevoir le silence et faire, ici, l'expérience de son père. Les deux actions sont utiles : se retirer dans un endroit où règne le silence et s'élever. Cela signifie : je cherche un niveau plus haut pour, de là, pouvoir regarder le quotidien.

Les deux actions sont utiles : se retirer dans un endroit où règne le silence et s'élever.

Un processus analogue intervient quand nous prions. La plupart du temps, nous nous mettons à l'écart. Dans l'Évangile selon saint Matthieu, Jésus dit que nous devrions prier en secret. La montagne, la solitude du sommet, nous offre un espace de cachette, mais aussi un espace de sécurité, où nous pouvons sentir tout particulièrement la proximité de Dieu. Par la prière, nous voulons élever notre âme à Dieu – comme le symbolise l'ascension de la montagne. Notre esprit se dirige vers le haut, vers Dieu. Le fait de s'élever ainsi nous libère de notre emprisonnement dans les affaires terrestres.

Prier signifie veiller et s'éveiller : prier nous réveille du sommeil des illusions qui nous bercent.

Nous avons besoin de la prière comme lieu de retraite et de liberté intérieure vis-à-vis de tout ce qui monopolise notre attention dans notre quotidien. Nous faisons l'expérience de la prière non comme un devoir, mais, à la manière de Jésus, comme un bienfait. Nous nous accordons peut-être à ce moment aussi plus de temps pour prier.

Jésus passe toute la nuit à prier. Prier signifie veiller et s'éveiller : prier nous réveille du sommeil des illusions qui nous bercent. L'état de veille devant Dieu nous ouvre les yeux pour que nous puissions, sous l'angle de Dieu, porter un nouveau regard sur notre vie.

« SORS ET TIENS-TOI DANS LA MONTAGNE DEVANT YAHVÉ. »

Dans le Premier Livre des Rois, l'Ancien Testament raconte l'histoire du prophète Élie, qui combattit seul et vainquit quatre cent cinquante prophètes de Baal. Mais il ne put savourer sa victoire. À peine parvenu au summum, il sombra dans une profonde dépression. Il s'allongea dans le désert, sous un genêt, désirant mourir. Il se rendait compte qu'il ne valait pas mieux que ses pères et qu'il pensait exactement comme les prophètes de Baal qu'il avait combattus. Au cœur de sa dépression, un ange de Dieu le découvrit et le tira à deux reprises de son sommeil : « *Lève-toi et mange, autrement le chemin sera trop long pour toi.* » (Premier Livre des Rois 19, 7)

Il avait traversé le désert durant quarante jours, jusqu'à la montagne de Dieu, l'Horeb. « Là, il entra dans la grotte et il y resta pour la nuit. » (Premier Livre des Rois 19, 9) La grotte représente le giron maternel. Après son affrontement avec les prophètes de Baal, Élie aspirait à enfin se reposer et à trouver sécurité et protection dans l'espace maternel de la grotte. Mais Dieu lui parla et l'appela : « *Sors et tiens-toi dans la montagne devant Yahvé.* » (Premier Livre des Rois 19, 11)

Le prophète ne pouvait pas faire durer sa retraite plus longtemps. Il devait affronter sa propre vérité. Il devait se mettre en présence de Dieu, laisser Dieu le remettre en question et endosser une responsabilité devant Lui. Se tenir debout sur la montagne signifie donc aussi : affronter la vie avec ses défis, au lieu de regarder seulement ses propres besoins.

Celui qui va sur la montagne abandonne son rôle de spectateur. Il affronte directement les épreuves d'une randonnée, abandonne sa « zone de confort ». Il fait face à sa propre vérité. Et il laisse Dieu le remettre en question.

Sur la montagne, le prophète Élie fait l'expérience de qui est vraiment Dieu. Dieu l'emmène à l'école. Il lui démontre dans quelle mesure le prophète avait une fausse image de lui-même et une fausse image de Dieu. Car Il n'est pas l'ouragan qui fait disparaître tout sur son passage (cf. Premier Livre des Rois 19, 11). Se tenir devant Lui signifie aussi : être fidèle à moi-même, répondre de moi-même, m'en tenir à ma vérité. Dieu n'est pas le tremblement de terre qui brise tout ce que l'homme a construit (cf. Premier Livre des Rois 19, 12).

Il arrive aussi que je souhaite que Dieu veuille anéantir les endroits où les hommes commettent l'injustice, où ils oppriment et tuent cruellement autrui, où ils répandent la terreur et la peur. Mais Dieu ne sert pas mes propres souhaits par la force. Et Dieu n'est pas dans le feu (cf. Premier Livre des Rois 19, 12).

Le feu incarne la pureté absolue. L'or y est purifié. Dans le feu s'exprime mon aspiration à être parfaitement, absolument pur. Or je dois accepter d'être moyen et non parfait, de ne pas être pur, et que toutes mes bonnes intentions sont toujours mêlées à des motivations égoïstes. Dieu apparaît à Élie dans un murmure tendre et doux (cf. Premier Livre des Rois 19, 13). Une image magnifique.

Dieux nous rencontre dans la sérénité. Et nous devons être calmes pour faire l'expérience de nous-mêmes tels qu'Il nous a pensés. Le silence est le lieu où nous nous ouvrons à Dieu. Le silence signifie : rester immobile, se tenir debout. Quand je reste ainsi, une tempête de pensées s'élève dans mon âme, je vis un tremblement de terre en mon for intérieur, puis cela brûle en moi tel un feu. Mais c'est seulement si je reste immobile et que je supporte tout ce qui se trame à ce moment-là dans mon âme que je ferai l'expérience de Dieu comme celui qui s'adresse à moi dans le silence. Ici toutes les idées que je me fais de Dieu se taisent, toutes mes images de Dieu se dissipent, et j'entrevois le mystère du Dieu incompréhensible.

Quand je me tiens debout sur la montagne, quand je m'expose au vent qui tourne autour de moi, j'entrevois une partie de l'expérience qu'a faite le prophète Élie sur le mont Horeb. Je me tiens au milieu d'un ouragan. J'affronte la responsabilité de

ma vie. Si je me trouve au sommet, au milieu d'un espace vaste, toutes les images que je me suis forgées de moi-même se dissipent : celles de la dévaluation, tout comme celles de la surestimation de soi. Je me tiens simplement là, sans savoir quel est le mystère le plus profond de ma personne. Je m'abandonne à l'étendue. Les rôles que je joue d'habitude perdent toute importance. Je suis simplement là comme cet homme unique.

Quand je me tiens debout sur la montagne, toutes mes images de Dieu se dissipent. Je contemple sa magnifique Création et entrevois qui est ce Dieu qui a créé tout ce qui est beau, sans plus pouvoir m'en faire de représentation concrète. Il se situe au-delà de toutes les images. Au sommet, je suis ouvert à Dieu, qu'aucune image ne peut capturer, qui me touche dans le silence avec le souffle doux et tendre de son esprit.

« LES MONTAGNES APPORTENT ALORS LA PAIX ET LA PLUS GRANDE JUSTICE AU PEUPLE ».

Dans les Psaumes, il est souvent question de montagnes. Le psaume 15 commence par la question suivante :

Yahvé, qui logera sous ta tente,
habitera sur ta sainte montagne ?
(Psaumes 15, 1)

Et l'orant répond lui-même :
Celui qui marche en parfait,
celui qui agit en juste
et dit la vérité de son cœur [...].
(Psaumes 15, 2)

Suivre le chemin vers le sommet représente donc aussi un défi spirituel. Je ne peux pas grimper sur la montagne sainte et pester, dans mon cœur, contre les hommes qui m'ont déçu. Je n'ai pas le droit de me mettre en route en ayant le cœur rempli de ressentiment. Je n'en ai le droit que si je médite dans mon cœur sur la vérité, si je suis prêt à affronter ma propre vérité. Le psaume 24 répond de manière similaire à la question :

Qui montera sur la montagne de Yahvé ? [...]
L'homme aux mains nettes, au cœur pur ;
son âme ne se porte pas vers des riens,
il ne jure pas pour tromper.
(Psaumes 24, 3 sq.)

Souvent, nos mains ne sont pas pures quand nous partons. Seule la marche peut nous laver de toutes les impuretés qui se sont incrustées dans notre âme. Quand nous gravissons une montagne, nous pouvons laisser derrière nous beaucoup de choses floues, afin d'arriver près de Dieu en ayant vraiment les mains pures. De nombreuses personnes m'ont raconté qu'elles s'en vont gravir une montagne justement quand leur vie est chaotique, quand des émotions négatives se sont accumulées ou quand elles sont victimes de calomnies. L'alpinisme les purifie de toute pollution intérieure, de tous les soucis qui les assaillent de l'extérieur. Se promener en montagne les libère de tout ce qui est flou et chaotique en elles-mêmes. Une grande partie de ce qui est désordonné dans notre âme se structure quand nous marchons. Un ordre intérieur se crée. On voit soudain plus clair et on trouve des solutions là où, avant, tout était en désordre et sans espoir.

C'est justement quand nous escaladons une montagne que nous parvenons à changer de perspective : nous portons alors un nouveau regard sur tout. Et relativisons beaucoup de choses.

Dans les Psaumes, les montagnes sont aussi la promesse de ce que Dieu veut offrir à son peuple. Voici les termes du psaume 72, 3 : « Montagnes, apportez, et vous collines, la paix au peuple. Avec justice il jugera [...]. » Quand j'admire les magnifiques sommets qui m'entourent en portant ce vers dans mon cœur, je devine alors : la paix émane des montagnes avec authenticité. Les montagnes sont simplement là. J'espère ardemment que le plus d'hommes possible admirent les montagnes et méditent ainsi, qu'ils sentent la paix qui en émane. Il existe quelque chose qui nous est donné : nous ne deviendrons justes que si nous rendons justice à ce qui est juste, si nous rendons justice à notre propre nature et aux hommes et si nous cessons de les plier en fonction de nos désirs. En montagne, les critères sont différents. Loin du quotidien, la lucidité règne.

Cette lucidité quant au fait que les montagnes apportent paix et justice, comme le dit le psaume, s'empare de moi en particulier quand je suis assis devant la petite chapelle perchée sur la colline d'Ostara, sur le lac de Rieg. Je contemple le paysage magnifique tout autour du lac et je regarde la montagne qui l'entoure. Qu'est l'homme face à une telle splendeur ? Que la paix intérieure est grande dans de tels moments !

Les Psaumes relatent encore une autre expérience spirituelle que l'on peut faire en montagne : « Avant que les montagnes fussent nées, enfantés la terre et le monde, de toujours à toujours tu es Dieu. » (Psaumes 90, 2) Les montagnes, debout comme elles le sont aujourd'hui depuis des millénaires, nous renvoient à Dieu qui est, d'éternité en éternité. Le psalmiste contemple les montagnes et y voit une image de Dieu. Ces montagnes renvoient à l'éternité et à la puissance de Dieu. Quand Dieu vient, les montagnes fondent comme la cire (cf. Psaumes 97, 5). Il en va de même pour les montagnes de problèmes que nous avons accumulées devant nous. Si, dans l'Ancien Testament, l'orant médite sur les montagnes et reconnaît en elles la beauté et la puissance divines, il les perçoit comme une louange divine. Et il souhaite se joindre à elles pour crier de joie : « [E]t les montagnes crient de joie, à la face de Yahvé, car il vient [...]. » (Psaumes 98, 8 sq.) Dans le grand psaume de louange 148, les montagnes sont appelées à louer Dieu : « Louez Yahvé [...], montagnes, toutes les collines [...]. » (Psaumes 148, 7-9) L'homme sait les montagnes à ses côtés pour que, ensemble, ils rendent gloire à Dieu.

« [L]E MONT SACRÉ, SUPERBE ÉLAN, JOIE DE TOUTE LA TERRE. »

Les Psaumes et les prophètes bibliques parlent souvent de la montagne sacrée de Dieu. Chaque montagne porte en elle un élément sacré. Elle échappe aux hommes. Quelque chose de sublime, qui se situe au-dessus des hommes et qui élève ces derniers vers son esprit. Dans le psaume 48, l'orant dit : « [...] le mont sacré, superbe élan, joie de toute la terre [...]. » (Psaumes 48, 2-3). Les Psaumes nous apprennent à porter un nouveau regard sur la beauté des montagnes. Elles permettent de voir Dieu comme le beau originel. Le beau nous fait toujours du bien. C'est la joie de toute la terre. La beauté des montagnes nous renvoie à un Dieu que nous avons le droit de savourer, qui ravit notre cœur par sa beauté. La sainteté et la beauté des montagnes nous sont salutaires. Dostoïevski dit un jour : « La beauté sauvera le monde, guérira le monde. » Quand, dans la vallée d'Ahrntal, je regarde la Rötspitze, le Schwarzenstein ou encore la Dreiherrenspitze[18], la beauté de Dieu se répand pour moi dans ces montagnes. Et je fais l'expérience du pouvoir guérisseur de la beauté, qui nous rend Dieu visible et palpable.

Pendant l'Avent, on lit souvent un texte extrait du livre du prophète Isaïe. Dieu promet au peuple d'Israël, et à nous également, qu'il donnera un festin sur sa montagne – la montagne de Sion – pour tous les peuples : « [...] un festin de viandes grasses, un festin de bons vins, de viandes moelleuses, de vins dépouillés. Il a détruit sur cette montagne le voile qui voilait tous les peuples et le tissu tendu sur toutes les nations [...]. » (Isaïe 25, 6 sq.)

Quand je regarde le monde, je vois beaucoup de cécité et de violence absurde : les hommes se combattent les uns les autres. Il règne une terreur impitoyable. En ce qui concerne la Création, les hommes ne veulent pas regarder ce qu'ils font subir à la nature, à tel point qu'elle souffre toujours plus de dérèglements.

Du haut de la montagne, je vois plus clair. Mais je rêve aussi que Dieu offre à tous les hommes le même regard lucide. Quand Dieu arrache le voile que nous avons posé sur nos yeux, nous regardons la beauté du monde d'une manière nouvelle. Le terme « *schön* » (beau) a une racine commune non seulement avec le mot « *schauen* » (regarder), mais aussi avec « *schonen* » (épargner). Le paysage que nous voyons depuis la montagne se révèle à nous dans sa beauté si nous le regardons avec amour et si nous l'épargnons. C'est-à-dire : je laisse la nature telle qu'elle est. Si je

Quand je regarde le monde, je vois beaucoup de cécité et de violence absurde : les hommes se combattent les uns les autres.

me déplace dans la nature, si j'utilise la nature, je la traite avec égard. Si Dieu arrache le voile, la vérité se révèle. Et la vérité est belle et bonne. Nous voyons le monde avec de nouveaux yeux.

En même temps, ce texte éveille en moi l'aspiration à ce que Dieu organise un repas commun avec tous les peuples, que les hommes de toutes les races et de toutes les religions, de toutes les nations et de toutes les cultures s'installent ensemble à la table de Dieu pour célébrer la paix et la réconciliation. Ce serait un bonheur si nous célébrions ensemble la joie et la gratitude à l'égard de Dieu pour avoir créé ce monde si superbe. La nature appartient à tous.

Le prophète Isaïe a peut-être fait la même expérience quand il se promenait sur les montagnes d'Israël. C'est l'expérience d'un autre prophète, que les exégètes nomment Deutéro-Isaïe et qui écrit : « Monte sur une haute montagne, messagère de Sion : élève et force la voix, messagère de Jérusalem ; élève la voix, ne crains pas, dis aux villes de Juda : Voici votre Dieu ! Voici le Seigneur Yahvé qui vient avec puissance, son bras assure son autorité [...]. » (Isaïe 40, 9 sq.)

Celui qui, sur la montagne, a fait l'expérience de la présence de Dieu, qui nous entoure de la beauté de sa Création, souhaiterait par-dessus tout dire à tous les autres : « Regardez, voici votre Dieu. » Dieu est proche de toi. La beauté de Dieu brille devant toi dans la nature. Tu peux faire l'expérience de l'amour de Dieu si tu t'installes sous le soleil qui réchauffe. Tu peux sentir l'esprit divin si tu laisses le vent te caresser ou parfois te souffler dessus.

Autrefois, durant les premières vêpres de l'Avent, nous chantions une superbe antiphonie en latin, qui incarnait à nos yeux l'aspiration de l'Avent : « *In illa die stillabunt montes dulcedinem, et colles fluent lac et mel.* » [« Ce jour-là, les montagnes dégoutteront de vin nouveau, les collines ruisselleront de lait. » (d'après *Joël* 4, 18)]

Quand je me trouve au sommet d'une montagne et que je médite, cette antiphonie, avec sa mélodie de consolation, me vient parfois à l'esprit. Les montagnes que je regarde deviennent alors à mes yeux le symbole de la promesse formulée par Dieu de s'occuper de nous, de faire de ce monde notre patrie à tous et de subvenir aux besoins vitaux de chacun.

LA MONTÉE DU CARMEL

Pour conclure, je souhaite méditer une dernière image issue, cette fois, non de la Bible, mais de la tradition mystique du christianisme. L'ascension du sommet doit ici être comprise depuis toujours comme l'image de l'ascension de l'âme vers Dieu. Grégoire de Nysse pense à un escabeau qui conduit toujours plus haut, d'une aspiration à une autre. Origène a plutôt en tête l'ascension par Moïse du mont Sinaï : comme Moïse, nous nous dressons au-dessus du désert, au-dessus de la révolte contre Dieu, de l'éloignement vis-à-vis de Lui, et, sur la montagne, nous faisons l'expérience de Dieu comme lumière, qui éclaire aussi notre visage. Toutes ces images d'ascension et d'escabeau représentant le chemin spirituel atteignent leur apogée dans la grande œuvre du mystique espagnol Jean de la Croix : *La Montée du Carmel*.

C'est en ayant devant les yeux la montée du mont Carmel que Jean de la Croix peut le mieux décrire le chemin de l'homme vers Dieu.

Tandis que notre ancien père abbé Fidelis Ruppert gravissait une haute montagne au Pérou avec Orlando, un Indien péruvien, les mots de Jean de la Croix lui vinrent à l'esprit : « Mon bien-aimé, les montagnes immenses » (en espagnol : « *Mi amado, las montañas* »). Dans ses mémoires, le père Fidelis écrit à ce sujet : « Quel puissant amour de Dieu a dû éclore en Jean de la Croix pour que les puissantes montagnes de sa patrie puissent et doivent constituer l'image appropriée pour désigner Dieu, son bien-aimé[19]. »

J'ai parfois devant les yeux ce que Jean de la Croix décrit, quand je m'élève vers les hauteurs. Je monte pas à pas. Je perçois l'effort. Je ne contrôle pas en permanence où j'en suis. Je me concentre plutôt bien sur chaque pas. Chaque pas devient en lui-même à mes yeux un symbole du fait que je me rapproche de Dieu. Je sais bien entendu que Dieu est partout. Je n'ai pas besoin de gravir une montagne pour en faire l'expérience. L'ascension d'une montagne demeure néanmoins l'image de l'ascension de l'âme vers Dieu. Les mystiques, qui ont décrit cette question, en avaient eux aussi fait l'expérience. Pour eux le fait de monter était devenu l'image elle-même.

En même temps, l'ascension dans la vie n'est pas toujours aussi claire. Jean de la Croix décrit que nous devons parfois

traverser le brouillard, parfois même une nuit obscure. Sur certains parcours, nous ne percevons pas du tout la proximité de Dieu. Sur d'autres, nous ne nous sentons que nous-mêmes, ainsi que les douleurs que le chemin nous prépare. D'autres parcours encore nous enlèvent toutes les illusions dans lesquelles nous nous sommes installés. En montant, nous affrontons notre propre réalité. Et cette réalité est empreinte d'effort, d'avancée, mais aussi de médiocrité, de quotidienneté. Ce chemin est cependant toujours parsemé d'éclaircies : nous apercevons soudain de quoi il s'agit.

Dans la tradition chrétienne, chaque montée est en fin de compte aussi une montée de la prière vers Dieu. Nous disons que la prière élève notre cœur. L'escalade d'une montagne peut aussi devenir elle-même une prière. Je ne prie pas avec

des mots précis, mais je fais l'expérience de l'ascension elle-même comme prière. Chaque pas élève mon âme vers Dieu. Et je sens en même temps qu'Il ne sera jamais atteint.

Je peux gravir un sommet. Mais je n'arrive jamais chez Dieu. Je suis pourtant toujours entouré de Sa présence, je suis toujours en Lui. Mon ascension symbolise à mes yeux le fait que ce Dieu est le but de toutes mes randonnées et que je n'arriverai en fin de compte tout à fait au sommet que dans la mort, quand je Le verrai face à face.

En montant le Carmel, Jean de la Croix désirait ardemment se rapprocher toujours plus de la montagne, car à partir d'elle l'amour de Dieu l'illuminait. Lors de l'ascension, il s'élevait *in fine* dans l'amour infini de Dieu. ■

6

Un regard en arrière : La gratitude

Lorsque je regarde *a posteriori* toutes les randonnées que j'ai entreprises au cours de ma vie, seul ou avec mes frères et sœurs, une profonde gratitude m'envahit. La gratitude pour la magnifique Création, pour la beauté des montagnes, pour les vues qu'offrent les sommets. La gratitude aussi pour avoir été ensemble. Nous avons passé de belles heures ensemble, nous nous sommes soutenus et renforcés les uns les autres, nous avons fêté le soir ensemble. C'est aussi la reconnaissance envers Dieu qui nous a gardés des accidents et nous a protégés dans le danger. Quand on va en montagne, on n'a jamais la garantie de pouvoir suivre son chemin sans aucun accident. Je suis convaincu que Dieu nous a toujours tous protégés. Je Lui en suis reconnaissant.

Chaque année, je suis retourné au monastère avec de belles images intérieures. Je porte dans mon cœur ces images de paysages somptueux et de sommets impressionnants. À la fin de sa vie, Viktor Frankl aussi se souvenait avec plaisir de ses randonnées et de ses ascensions. Il regardait en arrière avec nostalgie. Il se consolait alors avec la parole du poète : « Ce que tu vis, aucune force au monde ne peut te le dérober. » Il aurait plutôt dit lui-même qu'il avait sauvé ses expériences en les faisant appartenir au passé : « Le fait d'être passé est *aussi* une manière d'être, peut-être même la manière la plus sûre, car rien ni personne ne peut l'annuler, ne peut l'effacer, ne peut l'éliminer – le fait d'être passé met à l'abri, en sécurité, et protège du caractère éphémère[20]. »

Ainsi une grande quantité de choses sont entrées dans le passé, au cours de mes promenades. Mais c'est un mode d'être qui me marque encore aujourd'hui. Quand je regarde les photos que ma belle-sœur Gabi ou mon frère Konrad ont prises lors de nos randonnées, je ressens l'effet guérisseur des magnifiques montagnes, je suis reconnaissant pour la joie que nous avons partagée, pour les sommets que nous avons gravis dans un effort commun.

Ce que j'ai vécu persiste dans mon âme. Et, grâce au souvenir, je peux redonner vie en mon for intérieur à ce qui est passé. Le fait que ces moments reprennent vie dans le souvenir est bon pour mon âme, lui procure un baume salutaire. De beaux souvenirs nous nourrissent, sur notre chemin. Les jours où je me sens moins bien, je peux – pour reprendre la description d'Hermann Hesse – ouvrir, rempli de gratitude, le livre de mes souvenirs. Pour cela, je ne dois pas prendre de livre réel ou de photo en main. Il s'agit des images intérieures, qui se sont incrustées en moi. Quand je m'en souviens, ces images me comblent de gratitude et de joie.

Ce que j'ai vécu persiste dans mon âme.

Cependant, je n'aime pas seulement penser à mes randonnées

en montagne. À chaque fois que je chante à l'office les psaumes qui parlent de la montagne de Dieu ou des montagnes qui doivent participer avec nous à la jubilation, ces images prennent vie dans mon for intérieur. Et je sens que ces expériences dans les montagnes, de promenade et d'ascension, avec tous les efforts produits, s'immiscent dans mon expérience spirituelle.

Je suis toujours en chemin vers Dieu. Et ce chemin est une ascension de l'âme vers lui. Mais la descente dans les tréfonds de mon âme et dans la vallée du quotidien appartient, elle aussi, à mon chemin spirituel. Tout devient symbole de ma relation à Dieu et de mon rapport à moi-même.

Dans ma jeunesse, l'ascension des montagnes incarnait déjà mon ascèse : je combattais alors, en faisant de l'alpinisme, la tentation de m'arrêter et de revenir en arrière. De même, je combats aujourd'hui, sur mon chemin spirituel, la tentation de m'installer confortablement dans la vie telle qu'elle est – la tentation de penser que j'aurais fait assez d'efforts et que je pourrais désormais simplement me reposer.

Le chemin vers Dieu se poursuit toujours. Ce chemin est parfois pénible, exigeant la force de volonté de ne pas abandonner. Je suis ce chemin avec la promesse que les Psaumes et les prophètes me renouvellent sans cesse. J'aimerais conclure ce livre par ces paroles extraites du livre du prophète Isaïe.

> Je suis toujours en chemin vers Dieu. Et ce chemin est une ascension de l'âme vers lui. Mais la descente dans les tréfonds de mon âme et dans la vallée du quotidien appartient, elle aussi, à mon chemin spirituel. Tout devient symbole de ma relation à Dieu et de mon rapport à moi-même.

« Car les montagnes peuvent s'écarter et les collines chanceler, mon amour ne s'écartera pas de toi, mon alliance de paix ne chancellera pas, dit Yahvé qui te console. » (Isaïe 54, 10) ■

Bibliographie

- Viktor E. Frankl, *Bergerlebnis und Sinnerfahrung*, Innsbruck, 1993.

- Manfred Ruoß, *Zwischen Flow und Narzissmus. Die Psychologie des Bergsteigens*, Bern, 2014.

- Fidelis Ruppert, *Mein Geliebter, die riesigen Berge!*, Münsterschwarzach, 1994.

- Marsha Sinetar, *Die Sehnsucht ganz zu sein*, Freiburg, 1991.

- Reinhold Stecher, *Botschaft der Berge*, Innsbruck, 1987.

Notes

1. Note du traducteur : Le massif des Karwendel se situe dans les Préalpes orientales septentrionales. Il est partagé entre l'Autriche pour la plus grande part et l'Allemagne.

2. Note du traducteur : La traduction s'est voulue fidèle à l'auteur, qui dit que le Fundusfeiler se trouve dans la vallée de Pitztal. Or, d'après nos recherches, ce sommet est une montagne des Alpes de l'Ötztal située en Tyrol, en Autriche. Il s'élève à 3 079 mètres d'altitude.

3. Viktor E. Frankl, *Bergerlebnis und Sinnerfahrung*, Innsbruck, 1993, p. 11. L'ouvrage n'a pas été traduit à ce jour en français.

4. Note du traducteur : Le Hunsrück est un massif montagneux de la Rhénanie-Palatinat et de la Sarre formant le rebord méridional du massif schisteux rhénan.

5. Note du traducteur : La Zugspitze est le « toit de l'Allemagne ». Cette montagne, qui est la plus haute de la Bavière et d'Allemagne (2 962 mètres), est accessible avec un chemin de fer à crémaillère ou le téléphérique du Eibsee.

6. Note du traducteur : Le Patscherkofel est un sommet culminant à 2 246 mètres d'altitude, dans le massif des Alpes de Tux, en Autriche.

7. Note du traducteur : Pour toutes les citations de la Bible, nous avons utilisé la traduction de l'École biblique de Jérusalem.

8. Note du traducteur : Le lac de Rieg, ou Riegsee en allemand, est un lac de Bavière, en Allemagne. Il est situé dans l'arrondissement de Garmisch-Partenkirchen, en Haute-Bavière, au nord-est de Murnau.

9. Note du traducteur : Le Herzogstand est un sommet de 1731 mètres d'altitude, dans les Préalpes bavaroises, en Allemagne.

10. Note du traducteur : Le Heimgarten est un sommet de 1790 mètres d'altitude, dans les Préalpes bavaroises, en Allemagne.

11. Note du traducteur : Le Ettaler Mandl est un sommet de 1636 mètres d'altitude, dans les Préalpes bavaroises, en Allemagne.

12. Note du traducteur : Le Zillertal est le nom d'une vallée située dans le Tyrol autrichien.

13. Note du traducteur : L'Ortles en italien, ou Ortler en allemand, est un sommet des Alpes, culminant à 3 905 mètres, point culminant du massif de l'Ortles, en Italie.

14. Note du traducteur : La Rötspitze est une montagne qui s'élève à 3 495 mètres d'altitude dans les Hohe Tauern, à la frontière entre l'Autriche et l'Italie.

15. Note du traducteur : Le Cervin est, avec une altitude de 4 478 mètres, le 12e sommet le plus élevé des Alpes. Il est situé sur la frontière italo-suisse, entre le canton du Valais et la Vallée d'Aoste.

16. Note du traducteur : Le Schwarzenstein (en italien : Sasso Nero) est une montagne qui s'élève à 3 369 mètres d'altitude dans les Alpes de Zillertal, à la frontière entre l'Autriche et l'Italie.

17. Note du traducteur : Le Steigerwald est un massif de basse montagne en Allemagne, situé au nord de la Bavière.

18. Note du traducteur : La Dreiherrenspitze est une montagne qui s'élève à 3 499 m d'altitude dans les Hohe Tauern, à la frontière entre l'Autriche et l'Italie.

19. Fidelis Ruppert, *Mein Geliebter, die riesigen Berge!*, Münsterschwarzach, 1994, p. 16. L'ouvrage n'a pas été traduit à ce jour en français.

20. Viktor E. Frankl, op. cit., p. 34. L'ouvrage n'a pas été traduit à ce jour en français.

Du même auteur aux Éditions Jouvence :

Ose le renouveau et vis-le en confiance
128 pages - 8,90 €

Commençons le renouveau
dès à présent.

Estime de soi, estime de l'autre
128 pages - 8,90 €

Un livre pour reconnaître
sa propre valeur, pour accueillir
la valeur d'autrui et s'en réjouir.

Être en harmonie. Oublier ses soucis.
Simplement vivre.
160 pages - 8,90 €

Vivre en toute simplicité,
en éprouvant la satisfaction
et la clarté, c'est là une voie
vers l'harmonie intérieure.

Crédits photographiques | Adobe Stock : couverture : © GIS
intérieur : © oceanica p.6, © crazymedia p.8,
© Hin Gucker p.10, © Julien Roussetp.13, © Alena Ozerova p.14, © pxlsjpeg p.16,
© Europhoton p.18, © K.- P. Adler p.21, © tolstnev p.22, © denis_333 p.24-25,
© Studio M p.26, © T. Linack p.29, © great_photos p.31, © gilitukha p.34,
© Alena Ozerova p.37, © delkoop p.38, © Monkey Business p.40-41,
© ZoneCreative p.42, © robsonphoto p.44, © blas p.47, © wiktor bubniak p.48,
© chokniti p.51, © lamax p.52, © Lane Erickson p.55, © photoschmidt p.56,
© Eric Isselée p.60-61, © anatoliy_gleb p.63, © ninelutsk p.64, © Maridav p.66,
© Mihai-Bogdan Lazar p.69, © topics p.71, © joachimplehn p.73, © by paul p.74,
© MarcoMonticone p.77, © EF-EL p.79, © Pellinni p.81, © egon999 p.83,
© Bashkatov p.85, © Visions-AD p.86, © EpicStockMedia p.88,
© andrzej2012 p.91, © Andreas P p.93, © MarcoMonticone p.95,
© jasckal p.96-97, © nat84 p.98, © Julien Rousset p.100, © XtravaganT p.104,
© lettas p.107, © choupi33 p.108, © subbotsky p.110, © Syda Productions p.112,
© aboutfoto p.115, © TRFilm p.118, © Anna Kwiatkowska p.122, © djama p.126,
© xangai p.128-129, © coco p.133, © lenina11only p.135, © Maridav p.137,
© Svenni p.140-141, © Studio Barcelona p.142, © upixa p.145, © u.perreten p.146,
© naruedom p.148, © francesco chiesa p.151, © djama p.153,
© Creativa Images p.156, © Alexmar p.160, © XtravaganT p.163,
© Pavlo Vakhrushev p.164, © Orlando Florin Rosu p.166, © powerbold p.168,
© photofang p.170, © mayatnik p.172, © rochagneux p.174-175, © nordroden p.176, ©
whitewizzard p.178, © bosanza p.181, © Jan-Dirk p.183,
© Biletskiy Evgeniy p.184, © shaiith p.186.

Imprimé en République Tchèque
Achevé d'imprimer en janvier 2018
Dépôt légal : février 2018